Cripto-manía

Conviértete en un experto en el fascinante mundo de las criptomonedas explicadas

Contenido

Introducción **6**

Definición e historia de las criptomonedas 6
Los fundamentos de la tecnología blockchain 7
Los objetivos y ventajas de las criptomonedas 9

Las originas y evolución de las criptomonedas **11**

El contexto histórico y económico 11
Desde Bitcoin hasta altcoins: diversidad e innovación 13
Hitos importantes en la historia de las criptomonedas 14

Las diferentes criptomonedas **17**

Bitcoin: la primera criptomoneda 17
Ethereum y los contratos inteligentes 18
Altcoins: diversidad y características específicas 20
Las stablecoins y las CBDC 21

Los fundamentos de las criptomonedas **23**

Las carteras y las claves criptográficas 23
La criptografía: elementos clave y uso 24
Las redes descentralizadas y la resiliencia 25
La emisión monetaria y el control de la inflación 27
Las transacciones y las comisiones 28
Las direcciones y las carteras electrónicas 29

La technology subyacente: la tecnología blockchain **31**

La blockchain: definición, funcionamiento y aplicaciones 31
La estructura de las blockchains: cadenas, árboles y grafos 32
Las diferentes arquitecturas de blockchain 33
Las blockchains públicas, privadas, híbridas y de consorcio 35
Las blockchains interoperables y los sistemas multi-chain 36
Casos de uso y ámbitos de aplicación 38

Los mecanismos de consenso y la seguridad.............40

Consensos: prueba de trabajo, prueba de participación y alternativas 40
Los desafíos de la descentralización y la confianza.............................41
Los protocolos de consenso: prueba de trabajo, prueba de participación, etc. ..43
Los mecanismos de consenso y sus ventajas/desventajas.........................44
Los desafíos y soluciones en seguridad.......................................46

Los protocolos y las plataformas de intercambio 49

Los protocolos de intercambio descentralizados 49
Las plataformas de intercambio centralizadas.................................50
Liquidez y transparencia del mercado...52

Los actores del mercado de las criptomonedas.................54

Los mineros y los nodos de la red 54
Las plataformas de intercambio y los servicios de corretaje.................55
Los proveedores de servicios de almacenamiento y gestión de carteras 56

Plataformas y servicios relacionados con las criptomonedas.... 58

Los intercambios: centralizados y descentralizados..........................58
Las plataformas de préstamo y staking.......................................60
Las aplicaciones descentralizadas (dApps) 61
Oráculos y servicios de agregación de datos.................................63

Las criptomonedas y los desafíos técnicos.................65

La escalabilidad y las soluciones para mejorar el rendimiento de las redes......65
Los desafíos de privacidad y anonimato......................................66
Los problemas de interoperabilidad y los protocolos de comunicación 67

Finanzas descentralizadas (DeFi) 70

Principios y ventajas de DeFi 70
Protocolos de intercambio y liquidez 71
Stablecoins y mecanismos de préstamo 73

DAO y gobernanza descentralizada 74
Riesgos y desafíos de DeFi... 76
Los NFT y la economía digital.. 77

Los tokens no fungibles (NFT) y la economía digital 79

Principios y aplicaciones de los NFT.. 79
Plataformas de intercambio y creación de NFT 80
Los desafíos económicos y culturales de los NFT 81

La inversión y la gestión de carteras 83

Las estrategias de inversión y los riesgos asociados............................... 83
El análisis fundamental y las herramientas de análisis técnico y de seguimiento..
84
La diversificación y la gestión de carteras 86
La fiscalidad y la regulación 87

Las nuevas formas de financiamiento e inversión 89

Las plataformas de crowdfunding y préstamos... 90
Fondos de inversión y activos criptográficos... 92

Las criptomonedas y la economía mundial................................94

Impacto en los bancos y las instituciones financieras 94
La adopción de criptomonedas por parte de empresas y comercios 95
Las criptomonedas como reserva de valor y medio de pago 97

Los desafíos sociales y geopolíticos de las criptomonedas ...99

La democratización del acceso a los servicios financieros 99
Las criptomonedas y la protección de la privacidad 100
Los desafíos regulatorios y los conflictos de intereses 102
Las criptomonedas como instrumento de política monetaria 103

El impacto ambiental de las criptomonedas 106

El consumo de energía de las criptomonedas 106
Soluciones para una minería más ecológica 107
Iniciativas en favor de una cadena de bloques sostenible 108

Las tendencias y el futuro de las criptomonedas 111

Las futuras innovaciones tecnológicas 111
La evolución del panorama regulatorio 112
La adopción de las criptomonedas por parte de instituciones y empresas 114
Las perspectivas de evolución del mercado 115

Conclusión y recomendaciones 118

Lecciones clave para recordar 118
Buenas prácticas para navegar el mundo de las criptomonedas 119
Perspectivas futuras de las criptomonedas 120
Agradecimientos 122

Introducción

Definición e historia de las criptomonedas

Las criptomonedas, también conocidas como monedas virtuales, son unidades de valor digital que utilizan la criptografía para asegurar y verificar las transacciones, así como para controlar la creación de nuevas unidades. Las criptomonedas son un concepto relativamente nuevo, que surgió por primera vez en 2009 con la creación de Bitcoin.

La creación de Bitcoin fue posible gracias a la tecnología blockchain. La blockchain es una tecnología distribuida que permite almacenar información de manera transparente, segura y sin necesidad de un tercero de confianza. Utiliza una red descentralizada de nodos para verificar y validar las transacciones, lo que hace que el sistema sea resistente a fraudes y manipulaciones.

El creador de Bitcoin, que utiliza el seudónimo Satoshi Nakamoto, diseñó esta criptomoneda para resolver un problema específico: el doble gasto. Antes de la creación de Bitcoin, era muy difícil garantizar que una unidad de valor digital no fuera gastada dos veces. Con Bitcoin, las transacciones son verificadas por los mineros de la blockchain, quienes utilizan su poder de cálculo para resolver problemas matemáticos complejos y validar las transacciones. Como recompensa por su trabajo, los mineros reciben una cierta cantidad de Bitcoin.

Desde la creación de Bitcoin, muchas otras criptomonedas

han surgido. Ethereum, por ejemplo, es otra criptomoneda importante que utiliza tecnología de contratos inteligentes para permitir la ejecución de contratos automáticos. Las altcoins, que son todas las otras criptomonedas aparte de Bitcoin, ofrecen una gran diversidad de funcionalidades y características.

Las criptomonedas a menudo se comparan con el oro digital, debido a su escasez y su carácter no regulado. También se consideran una inversión potencialmente lucrativa, ya que su valor puede aumentar rápidamente. Sin embargo, también están asociadas con importantes riesgos, como la volatilidad de los precios y la posibilidad de fraude.

En general, las criptomonedas son un fenómeno relativamente nuevo y complejo, que sigue evolucionando rápidamente. Sin embargo, también ofrecen muchas oportunidades emocionantes para aquellos que buscan aprender más sobre esta tecnología en constante cambio.

Los fundamentos de la tecnología blockchain

Antes de sumergirse en el mundo complejo de la blockchain, es importante comprender los fundamentos de esta tecnología revolucionaria. La blockchain es un registro digital descentralizado y seguro que permite almacenar y compartir datos de manera transparente e inmutable. Está compuesta por bloques de datos que están conectados entre sí, creando así una cadena de bloques.

La blockchain se basa en la criptografía, una técnica de

cifrado que permite asegurar los datos haciéndolos ilegibles para personas no autorizadas. Cada bloque de datos se sella con una firma digital única, llamada «hash», que garantiza su integridad y autenticidad. Esta firma digital se crea a partir de los datos del bloque anterior, lo que asegura que cada bloque está vinculado a su predecesor.

La descentralización es otro elemento clave de la blockchain. A diferencia de los sistemas centralizados, donde los datos se almacenan en servidores de propiedad de una empresa u organización, la blockchain está distribuida en muchos nodos o computadoras que participan en la gestión de la red. Cada nodo tiene una copia completa de la blockchain, lo que garantiza que todas las transacciones sean verificadas y validadas por muchos participantes.

La transparencia también es un principio fundamental de la blockchain. Todas las transacciones se registran en la blockchain y están disponibles para todos los usuarios de la red. Esto permite una trazabilidad completa y una transparencia total de los intercambios, lo cual puede ser útil en muchas aplicaciones, como la gestión de la cadena de suministro o la lucha contra el fraude.

La blockchain tiene muchas aplicaciones potenciales en diversos sectores, como la finanzas, la salud, el sector inmobiliario y la energía. Puede utilizarse para crear sistemas de pago descentralizados, registros de propiedad digital o registros médicos compartidos y seguros. La blockchain también puede utilizarse para crear aplicaciones descentralizadas (dApps) y contratos inteligentes, que son programas informáticos autoejecutables que pueden usarse para automatizar procesos complejos.

Los objetivos y ventajas de las criptomonedas

Las criptomonedas fueron creadas con un objetivo claro: ofrecer una alternativa a las monedas tradicionales, centralizadas y controladas por los bancos centrales. De hecho, la creación de la primera criptomoneda, Bitcoin, en 2009, fue motivada por el deseo de crear una moneda digital, descentralizada, segura y transparente, capaz de resolver los problemas de confianza y equidad en los intercambios económicos en línea. Desde entonces, han surgido muchas otras criptomonedas, cada una con sus objetivos y ventajas específicas.

Una de las principales ventajas de las criptomonedas es su descentralización. A diferencia de las monedas tradicionales, que están controladas por gobiernos e instituciones financieras, las criptomonedas se basan en una tecnología de registro distribuido llamada blockchain, que permite almacenar y verificar las transacciones de forma descentralizada. Esto significa que las transacciones son seguras y nadie puede manipularlas o censurarlas.

Otra ventaja de las criptomonedas es su transparencia. Todas las transacciones realizadas en una blockchain son públicas y se registran de manera inmutable. Esto ayuda a combatir el fraude y la corrupción, así como a fortalecer la confianza entre las partes involucradas.

Las criptomonedas también ofrecen ventajas en cuanto a

costos y tiempo de transacción. Las transacciones realizadas con criptomonedas suelen ser más baratas y rápidas que las transacciones tradicionales, especialmente cuando se realizan a nivel internacional. Esto puede ser especialmente beneficioso para las personas que no tienen acceso a servicios bancarios tradicionales.

Finalmente, las criptomonedas pueden ofrecer ventajas en términos de privacidad. Aunque todas las transacciones son públicas, los usuarios pueden mantener su anonimato si es necesario, lo cual puede ser especialmente importante en países con limitaciones a la privacidad.

En resumen, las criptomonedas ofrecen una alternativa emocionante e innovadora a las monedas tradicionales. Son descentralizadas, transparentes, rápidas, económicas y ofrecen un alto nivel de privacidad. Aunque las criptomonedas no están libres de desafíos, tienen el potencial de revolucionar los intercambios económicos en línea y fomentar la inclusión financiera a nivel mundial.

Las originas y evolución de las criptomonedas

El contexto histórico y económico

La criptomoneda es un concepto relativamente nuevo que ha surgido en las últimas décadas. Para comprender su importancia actual, es esencial entender el contexto histórico y económico que ha llevado a su creación.

La criptomoneda fue creada como respuesta a los desafíos que plantea el uso de las monedas tradicionales. Las monedas tradicionales suelen ser susceptibles de devaluación, inflación y manipulación política, económica y financiera. Por otro lado, las criptomonedas están diseñadas para ser descentralizadas, resistentes y seguras gracias a la tecnología de cadena de bloques.

La creación de la primera criptomoneda, Bitcoin, en 2009, se considera a menudo como una respuesta a la crisis financiera mundial de 2008. Esta crisis puso de manifiesto las deficiencias del sistema financiero tradicional y generó una pérdida de confianza de los ciudadanos en los bancos y las instituciones financieras. Bitcoin fue diseñado como una alternativa descentralizada e independiente del sistema financiero tradicional.

Sin embargo, la tecnología de cadena de bloques en la que se basan las criptomonedas fue desarrollada mucho antes del surgimiento de Bitcoin. El concepto de cadena de bloques fue introducido por primera vez en 1991 por Stuart Haber y W. Scott Stornetta, quienes propusieron un sistema de cadena de bloques para combatir la falsificación de documentos digitales.

La evolución de la tecnología de cadena de bloques fue impulsada por el desarrollo de criptomonedas alternativas, conocidas como altcoins, a partir de 2011. Estas altcoins permitieron experimentar con diferentes tipos de consenso, protocolos y arquitecturas de cadena de bloques, abriendo camino a una mayor diversidad en el ecosistema de las criptomonedas.

Con el paso de los años, las criptomonedas han ganado popularidad y han captado la atención de diversas partes interesadas, incluyendo inversores, reguladores y empresas. Los posibles beneficios de las criptomonedas, como la transparencia, la seguridad y la resiliencia, han llevado a su adopción en áreas como las finanzas, el comercio electrónico y la industria de los juegos.

Sin embargo, las criptomonedas también han estado asociadas a problemas como la volatilidad, la especulación, el delito financiero y el impacto ambiental. Los reguladores y los responsables políticos han intentado encontrar un equilibrio entre la innovación y la protección de los consumidores, evitando al mismo tiempo los riesgos sistémicos.

En última instancia, la historia y el contexto económico de las criptomonedas son complejos y están en constante evolución. Es importante comprender las fuerzas que han llevado a su creación y adopción, así como los desafíos a los que se enfrentan en el presente y en el futuro.

Desde Bitcoin hasta altcoins: diversidad e innovación

El surgimiento de Bitcoin en 2009 marcó el comienzo de una nueva era en el mundo financiero. De hecho, Bitcoin fue la primera criptomoneda creada y se diseñó para hacer frente a las limitaciones de las monedas fiduciarias, como la inflación y la devaluación. Pero esta innovación también abrió la puerta a una multitud de criptomonedas alternativas o altcoins que han surgido en los últimos años.

Estas altcoins se crearon para resolver problemas específicos, como la escalabilidad, la privacidad o la flexibilidad de los contratos inteligentes. Cada una de ellas utiliza una tecnología, un método de consenso, una emisión y una distribución monetaria diferentes.

Ethereum, por ejemplo, es una plataforma de cadena de bloques que permite la ejecución de contratos inteligentes. Esta funcionalidad permite a los desarrolladores crear aplicaciones descentralizadas (dApps) y tokens para sus proyectos.

También está Ripple, una plataforma de pago descentralizada que permite transacciones instantáneas y de bajo costo, especialmente útiles para pagos transfronterizos.

Monero es otra criptomoneda popular que se enfoca en

la privacidad. Su cadena de bloques utiliza un método de transacción y almacenamiento de datos que hace que las transacciones sean imposibles de rastrear.

Litecoin es otra altcoin que se basa en el código fuente de Bitcoin, pero con mejoras para aumentar la escalabilidad y la velocidad de procesamiento de transacciones.

Por último, también están los stablecoins, que son criptomonedas vinculadas a una moneda fiduciaria, como el dólar estadounidense o el euro, para reducir la volatilidad de su precio.

La diversidad y la innovación de las altcoins son impresionantes y continúan creciendo. Sin embargo, es importante tener en cuenta que la mayoría de las altcoins no son tan sólidas como Bitcoin y tienden a ser más volátiles en términos de precio.

Hitos importantes en la historia de las criptomonedas

La historia de las criptomonedas es relativamente corta, pero ya ha experimentado hitos importantes que han marcado la evolución de este fascinante mundo.

El primer hito en la historia de las criptomonedas es, indudablemente, la creación de Bitcoin por Satoshi Nakamoto en 2008. Este último publicó un libro blanco que describe el funcionamiento de Bitcoin, que se convirtió en el primer sistema de pago completamente descentralizado basado en la tecnología de cadena de bloques. Bitcoin experimentó un crecimiento exponencial y fue adoptado por muchos usuarios en todo el mundo.

En 2011, la creación de Litecoin trajo diversificación al mercado de las criptomonedas. Esta nueva criptomoneda se basaba en un algoritmo de minería diferente al de Bitcoin y permitía transacciones más rápidas. Esta evolución impulsó a otros desarrolladores a explorar nuevas vías para la creación de criptomonedas.

En 2013, se creó Ripple como un sistema de pago global que permite transacciones rápidas y de bajo costo entre bancos. Ripple utilizó una tecnología de consenso diferente a la de Bitcoin, que fue adoptada rápidamente por empresas financieras.

En 2014, la creación de Ethereum abrió la puerta a los contratos inteligentes, que han permitido el desarrollo de aplicaciones descentralizadas (dApps) y proyectos de finanzas descentralizadas (DeFi). Ethereum se convirtió en una plataforma de elección para la creación de tokens y proyectos innovadores en el mundo de las criptomonedas.

En 2017, la explosión de la burbuja especulativa marcó un punto de inflexión en la historia de las criptomonedas. Este período de especulación fue seguido por un período de corrección, en el que el mercado de criptomonedas se ajustó y estabilizó.

Finalmente, en 2021, la creciente adopción de

criptomonedas por parte de inversores institucionales y grandes empresas ha fortalecido la legitimidad de este mundo. Las criptomonedas se han convertido en un medio de pago aceptado por un número cada vez mayor de comerciantes y los gobiernos están comenzando a estudiar las implicaciones de esta tecnología para la política monetaria.

Las diferentes criptomonedas

Bitcoin: la primera criptomoneda

Bitcoin es la primera y más famosa de las criptomonedas. Fue creada en 2009 por una persona (o grupo) que se hace llamar Satoshi Nakamoto. El objetivo inicial de Bitcoin era crear una moneda digital descentralizada que permitiera a los usuarios realizar transacciones sin necesidad de un intermediario de confianza como un banco.

Bitcoin funciona en una red descentralizada y utiliza la tecnología blockchain para registrar las transacciones. La blockchain es un registro público, distribuido y resistente a la falsificación que permite registrar las transacciones de forma segura y transparente.

Una de las ventajas de Bitcoin es que es descentralizada, lo que significa que no está controlada por ningún gobierno o banco central. En cambio, es gestionada por los nodos de la red, que son computadoras individuales conectadas a la blockchain.

Bitcoin también tiene un límite en la cantidad de monedas que pueden ser creadas, con un máximo de 21 millones de bitcoins. Este límite se supone que garantiza que Bitcoin no sufrirá inflación.

A lo largo de los años, Bitcoin ha experimentado un crecimiento en su adopción, con cada vez más negocios aceptando la criptomoneda como forma de pago. También se ha convertido en una popular herramienta de inversión, con intercambios y corredores especializados que permiten a los inversores comprar y vender bitcoins.

Sin embargo, Bitcoin también enfrenta desafíos como la volatilidad de los precios, problemas de escalabilidad y preocupaciones medioambientales relacionadas con el consumo de energía necesario para mantener la red funcionando.

En última instancia, Bitcoin ha revolucionado la forma en que pensamos acerca del dinero y las finanzas, abriendo el camino a una nueva generación de criptomonedas y tecnologías descentralizadas.

Ethereum y los contratos inteligentes

Ethereum es una plataforma de blockchain pública de código abierto que fue lanzada en 2015 por Vitalik Buterin, un desarrollador canadiense. Ethereum es conocida por ser la segunda criptomoneda más importante en términos de capitalización de mercado, después de Bitcoin.

Una de las principales características que diferencia a Ethereum de otras criptomonedas es su soporte para «contratos inteligentes». Los contratos inteligentes son programas informáticos que se ejecutan automáticamente en función de los términos y condiciones definidos en su código. Están diseñados para automatizar procesos que tradicionalmente se realizan de forma manual, lo que puede reducir costos y tiempos.

Los contratos inteligentes se ejecutan en la blockchain
de Ethereum, lo que los hace inmutables, transparentes
y resistentes a la censura. Esto significa que los contratos
inteligentes se pueden utilizar en una variedad de áreas,
incluyendo finanzas, bienes raíces, salud, energía,
agricultura, entre otros.

Ethereum también es conocido por ser una plataforma más
flexible que Bitcoin, ya que admite una variedad de tipos de
contratos inteligentes y tokens. Ethereum utiliza su propia
moneda nativa llamada Ether (ETH), que se utiliza para pagar
las tarifas de transacción en la plataforma.

Los contratos inteligentes de Ethereum se escriben
utilizando un lenguaje de programación llamado Solidity.
Los desarrolladores pueden utilizar herramientas como
el marco de desarrollo Truffle para facilitar la creación y
implementación de contratos inteligentes.

Los contratos inteligentes de Ethereum también han
dado lugar a un ecosistema en crecimiento de proyectos
y aplicaciones descentralizadas (dApps). Estas dApps son
aplicaciones que se construyen en la blockchain de Ethereum
y utilizan contratos inteligentes para automatizar algunas de
sus funciones.

Algunos ejemplos de dApps construidas en Ethereum
incluyen plataformas de finanzas descentralizadas (DeFi)
como Uniswap, juegos basados en blockchain como Axie
Infinity, plataformas de subastas de arte digital como
OpenSea, entre otros.

Altcoins: diversidad y características específicas

En el mundo de las criptomonedas, el término «altcoins» se refiere a todas las criptomonedas que no son Bitcoin. Desde la creación de Bitcoin en 2009, han surgido miles de altcoins, cada una con sus propias características y funcionalidades. La diversidad de las altcoins brinda a los inversores y usuarios una amplia variedad de opciones para involucrarse en el mundo de las criptomonedas.

Entre las altcoins más conocidas se encuentra Ethereum, creada en 2015. Ethereum es una plataforma de código abierto que permite el desarrollo de aplicaciones descentralizadas (dApps) y contratos inteligentes, que son programas autónomos que se ejecutan automáticamente cuando se cumplen ciertas condiciones. Ethereum se considera a menudo la segunda criptomoneda más importante después de Bitcoin en términos de capitalización de mercado.

Otra altcoin popular es Litecoin, creada en 2011. Litecoin fue diseñada para ser una versión más rápida y ligera de Bitcoin, con tiempos de confirmación de transacción más rápidos y un límite de creación de monedas más alto.

Ripple es otra altcoin importante que se centra en las transacciones interbancarias y las transferencias de dinero transfronterizas. La criptomoneda fue creada para facilitar las transacciones entre bancos y otras instituciones financieras, ofreciendo una alternativa rápida y económica a las transferencias de fondos tradicionales.

También existen altcoins que están diseñadas para ser estables, es decir, que están vinculadas a una moneda fiduciaria o a un activo, como el oro o el petróleo. Estas altcoins se llaman stablecoins y se utilizan a menudo para proteger a los inversores de la volatilidad del mercado.

Es importante tener en cuenta que no todas las altcoins son iguales y algunas pueden ser más riesgosas que otras debido a su falta de liquidez o a su baja capitalización de mercado. Por lo tanto, es esencial que los inversores investiguen y se informen sobre cada altcoin antes de invertir.

Las stablecoins y las CBDC

Las stablecoins y las CBDC (Central Bank Digital Currency) son dos tipos de criptomonedas que han ganado popularidad en los últimos años. Las stablecoins son criptomonedas diseñadas para mantener un valor estable con respecto a otra moneda, como el dólar estadounidense. Las CBDC son criptomonedas emitidas por los bancos centrales y están destinadas a reemplazar el efectivo físico.

Las stablecoins se han convertido en una alternativa popular a las criptomonedas volátiles como Bitcoin. Están diseñadas para ser menos volátiles que otras criptomonedas, manteniendo una paridad fija con una moneda fiduciaria, como el dólar estadounidense. Las stablecoins se pueden utilizar para transacciones diarias, inversiones y transferencias internacionales de fondos.

Las stablecoins se emiten de diferentes maneras, pero

la mayoría de ellas utilizan la tecnología blockchain para almacenar y gestionar las transacciones. Algunas stablecoins están respaldadas por reservas de monedas fiduciarias, lo que significa que cada unidad de la criptomoneda está respaldada por una unidad de la moneda fiduciaria correspondiente. Otras stablecoins utilizan mecanismos de control de oferta para mantener su paridad, como la emisión o destrucción de tokens adicionales.

Las CBDC, por su parte, son criptomonedas emitidas por los bancos centrales para reemplazar el efectivo físico. Las CBDC se pueden utilizar para transacciones diarias y para almacenar valor. Están diseñadas para ser más rápidas, eficientes y menos costosas que los pagos en efectivo. Las bancos centrales también pueden utilizar las CBDC para monitorear y regular la actividad económica.

Las CBDC se pueden emitir de diferentes maneras. Algunos bancos centrales han propuesto emitir CBDC respaldadas por reservas de monedas fiduciarias, mientras que otros han propuesto CBDC respaldadas por activos. Algunos bancos centrales también han propuesto CBDC híbridas, que combinan elementos de ambas aproximaciones.

Las stablecoins y las CBDC tienen el potencial de perturbar los sistemas financieros tradicionales. Las stablecoins pueden ofrecer una alternativa a las monedas fiduciarias para pagos internacionales y transacciones diarias. Las CBDC pueden ofrecer una alternativa al efectivo físico, que puede ser costoso e ineficiente. Sin embargo, su impacto en los sistemas financieros tradicionales dependerá de su adopción y regulación.

Los fundamentos de las criptomonedas

Las carteras y las claves criptográficas

Las carteras, o wallets en francés, son aplicaciones informáticas que permiten almacenar, gestionar y asegurar las criptomonedas. Se presentan en diferentes formas: software, hardware o papel.

Las carteras software son programas que se instalan en un ordenador, teléfono o tablet. Son fáciles de usar y permiten gestionar las criptomonedas en cualquier momento. Sin embargo, son vulnerables a virus y ataques informáticos.

Las carteras hardware son dispositivos físicos dedicados a la gestión de criptomonedas. Se presentan en forma de USB o pequeños aparatos electrónicos. Son mucho más seguros que las carteras software, ya que permiten almacenar las claves privadas fuera de línea, protegidas de los piratas informáticos. Sin embargo, son más costosos que las carteras software.

Las carteras papel son hojas impresas que contienen las claves privadas de las criptomonedas. Se consideran las más seguras, ya que no están conectadas a internet y no pueden ser pirateadas. Sin embargo, son más difíciles de usar que las carteras software o hardware.

Las claves criptográficas son los códigos que permiten

acceder a las criptomonedas almacenadas en una cartera.
Se componen de una clave pública y una clave privada. La
clave pública se utiliza para recibir criptomonedas, mientras
que la clave privada se utiliza para enviarlas. Por lo tanto,
es muy importante mantener la clave privada en un lugar
seguro, ya que permite acceder a los fondos almacenados en
la cartera.

En resumen, las carteras y las claves criptográficas son
elementos esenciales para la seguridad y gestión de las
criptomonedas. Es crucial elegir la cartera adecuada según
las necesidades y situación, y mantener las claves privadas
seguras para evitar cualquier riesgo de piratería o robo.

La criptografía: elementos clave y uso

La criptografía es uno de los pilares esenciales de las
criptomonedas. De hecho, gracias a esta disciplina, las
transacciones pueden ser seguras y la privacidad de los
usuarios se ve preservada. La criptografía puede definirse
como la ciencia de los códigos secretos y las comunicaciones
seguras. Se ha utilizado desde hace milenios para proteger
información sensible y secretos de Estado. Pero, ¿cómo
funciona la criptografía en el mundo de las criptomonedas?

Los elementos clave de la criptografía en las criptomonedas
son las claves públicas y privadas. Las claves públicas son
direcciones únicas que permiten recibir pagos, mientras
que las claves privadas son contraseñas que permiten
firmar transacciones. Las claves privadas generalmente se
almacenan en carteras electrónicas seguras, mientras que

las claves públicas pueden compartirse libremente con otros usuarios.

La criptografía también permite verificar la integridad de las transacciones. Las transacciones se firman con las claves privadas, lo que garantiza que han sido realizadas por el legítimo propietario de los fondos. Las transacciones también se encriptan utilizando funciones de hash, lo que garantiza que no pueden ser modificadas una vez que se han enviado.

La criptografía también garantiza la privacidad de las transacciones. Las criptomonedas suelen estar asociadas con la privacidad y el anonimato, lo que significa que los usuarios pueden realizar transacciones sin revelar su identidad. Para lograr esto, las transacciones suelen mezclarse con otras transacciones para confundir las pistas.

Es importante entender que la criptografía no es infalible y puede comprometerse si se utiliza incorrectamente. Por ejemplo, si se pierden o roban las claves privadas, los fondos asociados a esas claves pueden perderse para siempre. Por lo tanto, es esencial seguir las buenas prácticas de seguridad y almacenamiento para proteger las claves privadas.

Las redes descentralizadas y la resiliencia

Las redes descentralizadas son una característica clave de las criptomonedas y la tecnología blockchain. A diferencia de los sistemas centralizados, las redes descentralizadas no tienen un punto de control único y, por lo tanto, son menos vulnerables a ataques y fallos. En su lugar, las transacciones y operaciones son verificadas y validadas por un gran número de nodos de red independientes, lo que garantiza una mayor transparencia y seguridad.

La resiliencia también es un elemento clave de las redes descentralizadas. En caso de fallo o ataque, la red es capaz de reorganizarse rápidamente y eficientemente gracias a su estructura distribuida. Esta resiliencia se ve reforzada por la capacidad de los nodos de red para sincronizarse y cooperar para mantener la seguridad y validez de las transacciones. Además, la naturaleza descentralizada de las redes permite una mayor participación de los usuarios y una mayor autonomía en la gestión de la red.

Sin embargo, a pesar de estas ventajas, las redes descentralizadas también pueden presentar desafíos. Su naturaleza abierta y distribuida puede llevar a problemas de gobernanza y coordinación, lo que dificulta la toma de decisiones importantes o la resolución de conflictos. Además, el número de nodos de red también puede tener un impacto en el rendimiento y la escalabilidad de la red, lo que puede limitar su adopción a gran escala.

A pesar de estos desafíos, las redes descentralizadas continúan atrayendo la atención debido a su potencial transformador y su resiliencia frente a perturbaciones externas. Al combinar las ventajas de la tecnología blockchain con una estructura descentralizada, las criptomonedas tienen el potencial de crear sistemas financieros más transparentes, seguros y equitativos.

La emisión monetaria y el control de la inflación

Las criptomonedas a menudo se presentan como una alternativa a las monedas tradicionales. Una de las diferencias más importantes entre estos dos tipos de monedas es su método de emisión monetaria y control de la inflación.

En las monedas tradicionales, los bancos centrales tienen el poder de crear dinero y ponerlo en circulación según la situación de la economía. Esto se hace a menudo a través de políticas monetarias que buscan estimular la actividad económica o frenar la inflación.

En las criptomonedas, por otro lado, la emisión de nuevas unidades de moneda suele estar programada y ser predecible. Este método se conoce como «minería» en el caso de Bitcoin, y consiste en resolver problemas matemáticos complejos para validar transacciones y agregar nuevos bloques a la cadena de bloques. A cambio de este trabajo, los mineros reciben nuevas unidades de moneda.

Este método de creación de dinero puede parecer extraño para las personas acostumbradas a las monedas tradicionales. No obstante, presenta varias ventajas. En primer lugar, hace que la emisión monetaria sea predecible y transparente, lo que puede ayudar a mantener la confianza de los usuarios en la moneda. Además, evita que los bancos centrales o los gobiernos creen dinero a su antojo, lo que puede llevar a la devaluación de la moneda y la inflación.

Sin embargo, el método de minería no está exento de fallos.

En primer lugar, consume mucha energía y puede tener un impacto ambiental significativo. Además, puede llevar a una concentración de la producción de monedas en manos de unos pocos mineros muy poderosos. Esto puede hacer que la criptomoneda sea menos descentralizada y más vulnerable a ataques maliciosos.

Por último, cabe destacar que las criptomonedas no están libres de la inflación. Aunque la emisión monetaria es predecible, el valor de la moneda puede fluctuar en función de la oferta y demanda en los mercados. Además, la creación de nuevas criptomonedas puede diluir el valor de las que ya están en circulación.

Las transacciones y las comisiones

Una de las ventajas clave de las criptomonedas es la rapidez y facilidad con la que se pueden realizar transacciones. Las transacciones se realizan enviando unidades de criptomoneda desde el remitente al destinatario, a través de la cadena de bloques. Las transacciones son verificadas por los mineros, quienes son recompensados con nuevas unidades de la criptomoneda por su trabajo.

Sin embargo, las transacciones no son gratuitas. Cada transacción debe pagar una comisión para cubrir el costo de la verificación y el registro en la cadena de bloques. Las comisiones se determinan según el tamaño de la transacción en bytes y se pagan utilizando la criptomoneda de la propia transacción. En general, cuanto mayor sea el tamaño de la transacción, más altas serán las comisiones.

El costo de las comisiones de transacción suele ser muy
bajo en comparación con las comisiones de transacción
tradicionales asociadas a los bancos y otras instituciones
financieras. Sin embargo, es importante tener en cuenta
que las comisiones de transacción pueden variar
considerablemente según la criptomoneda utilizada,
el tamaño de la transacción y la demanda actual de
transacciones.

Las comisiones de transacción también pueden verse
influenciadas por la política monetaria de la criptomoneda en
cuestión. Por ejemplo, Bitcoin tiene un número limitado de
bloques disponibles para las transacciones, lo que significa
que las comisiones pueden aumentar cuando la demanda de
transacciones aumenta.

Es importante tener en cuenta que las comisiones
de transacción no son el único costo asociado a las
criptomonedas. Los usuarios también deben tener en cuenta
los costos asociados con la posesión y gestión de una cartera
de criptomonedas, así como los costos de conversión a
moneda fiduciaria, si es necesario.

Las direcciones y las carteras electrónicas

Las direcciones y las carteras electrónicas son elementos
esenciales del ecosistema de las criptomonedas. Las
direcciones son cadenas de caracteres alfanuméricos
utilizados para identificar el origen y destino de las
transacciones en la cadena de bloques. Las carteras
electrónicas son software que permite almacenar, enviar y

recibir criptomonedas.

Existen varios tipos de direcciones y carteras electrónicas, cada una con sus ventajas e inconvenientes. Las direcciones pueden ser de tipo Bitcoin, Ethereum u otras criptomonedas, y pueden generarse en línea u offline. Las carteras electrónicas pueden ser de tipo hardware (Hardware Wallets) o software (Software Wallets), con diferencias significativas en términos de seguridad y facilidad de uso.

Las carteras software se pueden dividir en dos categorías: las carteras en línea (Hot Wallets) y las carteras offline (Cold Wallets). Las carteras en línea son carteras electrónicas accesibles desde un navegador web o una aplicación móvil, mientras que las carteras offline son dispositivos físicos no conectados a internet.

Las carteras hardware se consideran las más seguras, ya que almacenan las claves privadas fuera de línea y ofrecen una seguridad adicional contra virus y ataques informáticos. Las carteras hardware populares incluyen Ledger, Trezor y KeepKey. Las carteras software populares incluyen Exodus, MyEtherWallet y Coinbase.

Es importante tener en cuenta que las carteras electrónicas no almacenan las criptomonedas propiamente dichas, sino solo las claves privadas necesarias para acceder a los fondos en la cadena de bloques. Por lo tanto, la seguridad de estas claves es crucial para la seguridad de los fondos. Se recomienda almacenar las claves privadas fuera de línea, en un lugar seguro y protegido con contraseñas seguras.

La technology subyacente: la tecnología blockchain

La blockchain: definición, funcionamiento y aplicaciones

La blockchain es un concepto clave en el mundo de las criptomonedas y la tecnología descentralizada. Se puede definir como un gran libro de registro digital descentralizado y seguro, donde las transacciones se registran y verifican por una red de participantes en lugar de una autoridad central. Esto permite la transparencia y la inmutabilidad de los datos, que son características esenciales para muchas aplicaciones.

El funcionamiento de la blockchain se puede comparar con un registro público, donde cada transacción se registra en un bloque. Cada bloque se agrega a una cadena de bloques de manera cronológica y segura utilizando criptografía. Para agregar un nuevo bloque a la cadena, una red de participantes debe resolver un problema matemático complejo, que se conoce como «mecanismo de consenso».

La blockchain se puede utilizar en muchos campos, incluida la finanzas descentralizadas (DeFi), la gestión de la cadena de suministro, la propiedad intelectual, los contratos inteligentes y mucho más. Las transacciones se pueden realizar de manera más rápida, económica y segura que los métodos tradicionales.

Por ejemplo, en el campo de DeFi, los usuarios pueden

realizar intercambios de criptomonedas, préstamos y préstamos, manteniendo el control total de sus activos. Los contratos inteligentes basados en la blockchain también permiten establecer acuerdos autónomos y programables entre partes.

Es importante tener en cuenta que la blockchain no es una solución perfecta y también presenta desafíos. Por ejemplo, la escalabilidad es un problema importante, ya que la cantidad de transacciones que se pueden procesar por segundo es limitada. Además, la seguridad debe mejorarse constantemente para evitar hackeos y fraudes.

La estructura de las blockchains: cadenas, árboles y grafos

La estructura de las blockchains es un concepto clave para comprender la tecnología subyacente de las criptomonedas. Las blockchains son registros digitales de transacciones, almacenados en tiempo real en redes descentralizadas de nodos (computadoras) que verifican y validan las transacciones. La seguridad y la integridad de los datos en las blockchains se garantizan mediante el uso de criptografía y mecanismos de consenso.

Existen varios tipos de estructuras de blockchains, incluidas cadenas, árboles y grafos. Las blockchains en cadena son la forma más simple y común de blockchain. Las transacciones se registran en bloques que luego se agregan a una cadena lineal de bloques. Cada nuevo bloque está vinculado al anterior, de ahí el término blockchain.

Las blockchains en árbol son similares a las blockchains en cadena, pero con ramificaciones. Las transacciones se registran en bloques que luego se conectan a otros bloques para formar ramas de la blockchain. Las blockchains en árbol se utilizan a menudo para resolver problemas de escalabilidad, ya que permiten procesar más transacciones en paralelo.

Las blockchains en grafo son las más complejas, ya que permiten transacciones entre varios bloques. Las transacciones se registran en bloques que pueden estar conectados a otros bloques para formar una red de bloques interconectados. Las blockchains en grafo se utilizan a menudo para aplicaciones de DeFi (finanzas descentralizadas) que requieren contratos inteligentes complejos.

Las diferentes arquitecturas de blockchain

La blockchain es la tecnología subyacente a todas las criptomonedas, y está diseñada para ser descentralizada, transparente y segura. Sin embargo, existen diferentes arquitecturas de blockchain, cada una con sus propias ventajas y desventajas.

Las blockchains públicas son las más conocidas, ya que se utilizan para la mayoría de las criptomonedas como Bitcoin y Ethereum. En una blockchain pública, todas las transacciones son públicas y verificables por todos, lo que hace que el sistema sea transparente y resistente al fraude. Los mineros se encargan de verificar y aprobar las transacciones, y se les recompensa por su trabajo mediante la creación de nuevas unidades de criptomonedas.

Por otro lado, las blockchains privadas están reservadas para un grupo específico de usuarios y no están disponibles para el público en general. Estas se utilizan a menudo para aplicaciones industriales y financieras que requieren un alto nivel de seguridad y privacidad.

Las blockchains híbridas combinan características de las blockchains públicas y privadas, permitiendo que algunos usuarios participen en el proceso de validación de transacciones mientras mantienen cierta información confidencial.

Las blockchains de consorcio son blockchains privadas controladas por un grupo de participantes seleccionados, como bancos o empresas, que trabajan juntos para validar transacciones y garantizar la seguridad del sistema.

Finalmente, las blockchains interoperables son blockchains que pueden comunicarse entre sí, lo que permite a los usuarios transferir activos entre diferentes blockchains sin tener que pasar por intermediarios.

Cada una de estas arquitecturas de blockchain tiene sus ventajas y desventajas. Las blockchains públicas ofrecen una gran transparencia y máxima seguridad, pero pueden ser muy lentas y consumir mucha energía. Por otro lado, las blockchains privadas e híbridas ofrecen más privacidad y control, pero pueden ser menos seguras y menos resistentes al fraude.

En última instancia, la elección de la arquitectura de blockchain dependerá de las necesidades específicas de cada proyecto o aplicación. Es importante entender las ventajas y desventajas de cada arquitectura de blockchain para elegir la mejor opción para tu proyecto.

Las blockchains públicas, privadas, híbridas y de consorcio

Las blockchains son registros distribuidos que permiten registrar y asegurar transacciones sin depender de una autoridad central. Estas blockchains pueden ser públicas, privadas, híbridas o de consorcio.

Las blockchains públicas, como la de Bitcoin, son accesibles para todos y transparentes. Funcionan con protocolos de consenso descentralizados como Prueba de Trabajo (Proof of Work) o Prueba de Participación (Proof of Stake). Las transacciones son validadas por mineros que reciben recompensas en criptomonedas por su trabajo.

Las blockchains privadas son utilizadas por organizaciones o empresas para transacciones internas. Están controladas por una autoridad central que decide quién puede acceder y participar en ellas. Las blockchains privadas son más rápidas y eficientes que las blockchains públicas, pero son menos transparentes y menos descentralizadas.

Las blockchains híbridas combinan elementos

de las blockchains públicas y privadas. Permiten cierta transparencia al tiempo que garantizan cierta confidencialidad. Las blockchains híbridas se utilizan en casos donde la transparencia es necesaria para algunas partes, pero la confidencialidad es importante para otras partes.

Las blockchains de consorcio son blockchains privadas utilizadas por un grupo de participantes que tienen un interés común. Las blockchains de consorcio se utilizan a menudo en sectores como finanzas, logística y salud, donde múltiples actores deben trabajar juntos para realizar transacciones.

Las blockchains interoperables y los sistemas multi-chain

La tecnología blockchain ha revolucionado el mundo de las finanzas al ofrecer una alternativa descentralizada a los sistemas financieros tradicionales. Sin embargo, las blockchains a menudo han funcionado de manera aislada, sin interactuar entre ellas. Esto ha llevado a una fragmentación del mercado y dificultades para que los usuarios intercambien activos digitales entre diferentes blockchains. Por lo tanto, se crearon las blockchains interoperables para abordar este problema.

Una blockchain interoperable es una blockchain capaz de comunicarse con otras blockchains, independientemente de su arquitectura. Las blockchains interoperables permiten a los usuarios transferir activos de una blockchain a otra sin tener que pasar por intercambios centralizados y sin tener que pagar altas comisiones. Las blockchains interoperables también permiten el desarrollo de aplicaciones descentralizadas inter-chain, donde los datos pueden ser compartidos entre múltiples blockchains, proporcionando funcionalidades más avanzadas que las aplicaciones descentralizadas en una sola blockchain.

Existen varias soluciones de blockchains interoperables, como Cosmos, Polkadot, ICON, Aion, Wanchain y Ark. Estas soluciones se basan en protocolos de comunicación estandarizados, como Interledger, que permiten a las blockchains comunicarse entre sí. Las soluciones interoperables se pueden implementar en varios niveles, incluidos el nivel de protocolo, el nivel de aplicación y el nivel de servicio.

Los sistemas multi-chain son otra solución para permitir la interoperabilidad entre blockchains. Los sistemas multi-chain son redes de blockchains interconectadas que pueden trabajar juntas de manera transparente. Los sistemas multi-chain permiten a los usuarios transferir activos de una blockchain a otra sin tener que pasar por intercambios centralizados y sin tener que pagar altas comisiones.

Ejemplos de sistemas multi-chain incluyen Polkadot y Cosmos. Polkadot utiliza una arquitectura de relay para conectar múltiples blockchains y permitir la comunicación entre ellas. Cosmos, por su parte, utiliza una arquitectura de hub y zona para permitir la comunicación entre las diferentes blockchains.

Casos de uso y ámbitos de aplicación

Los casos de uso y ámbitos de aplicación de las criptomonedas son numerosos y están en constante expansión. Aunque la adopción aún es limitada en algunos sectores, las criptomonedas están cambiando la forma en que vemos las transacciones financieras y el intercambio de bienes y servicios.

El ámbito de aplicación más evidente es el de los pagos, donde las criptomonedas ofrecen una alternativa digital a los métodos de pago tradicionales como las tarjetas de crédito y las transferencias bancarias. Las criptomonedas permiten transacciones casi instantáneas, económicas y seguras en todo el mundo. Por ejemplo, plataformas como BitPay permiten a las empresas aceptar pagos en Bitcoin, Ethereum, Bitcoin Cash y muchas otras criptomonedas.

Las criptomonedas también han encontrado casos de uso en el sector de la logística y la cadena de suministro, donde la transparencia y la trazabilidad son fundamentales. La tecnología blockchain permite rastrear el historial completo de transacciones y movimientos de bienes, desde la producción hasta la entrega, pasando por el almacenamiento y la distribución. Por ejemplo, la compañía Blockshipping está desarrollando una plataforma de seguimiento de contenedores marítimos basada en blockchain.

Otro ámbito de aplicación en crecimiento es el de las finanzas descentralizadas (DeFi), que tiene como objetivo crear un sistema financiero abierto y accesible para todos, sin intermediarios ni instituciones centrales. Los protocolos DeFi

permiten a los usuarios prestar, pedir prestado, intercambiar
y apostar criptomonedas sin tener que recurrir a bancos o
corredores. Plataformas DeFi populares incluyen Uniswap,
Aave, Compound y MakerDAO.

Las criptomonedas también se han adoptado en el sector
del arte y la cultura, especialmente con la aparición de los
tokens no fungibles (NFT). Los NFT son tokens únicos creados
en la blockchain que representan la propiedad digital de
activos como obras de arte, videos y juegos. Los NFT ofrecen
a los creadores de contenido una nueva forma de monetizar
su trabajo y a los compradores la posibilidad de poseer
activos digitales únicos y autenticados. Plataformas de NFT
populares incluyen OpenSea, SuperRare y Nifty Gateway.

Por último, las criptomonedas han encontrado casos
de uso en países en desarrollo, donde el acceso a
servicios financieros tradicionales suele ser limitado.
Las criptomonedas permiten que millones de personas
tengan acceso a servicios bancarios básicos como pagos,
transferencias de dinero y ahorros. Por ejemplo, la plataforma
de pago móvil BitPesa permite a los usuarios realizar
transacciones en Bitcoin en Kenia, Tanzania y Uganda.

Los mecanismos de consenso y la seguridad

Consensos: prueba de trabajo, prueba de participación y alternativas

Las criptomonedas se basan en redes descentralizadas que funcionan mediante mecanismos de consenso. Estos permiten validar las transacciones realizadas en la red y garantizar la integridad de la cadena de bloques.

La prueba de trabajo (Proof of Work) es el mecanismo de consenso utilizado por la primera criptomoneda, Bitcoin. Los mineros deben resolver problemas matemáticos complejos para validar las transacciones y añadir bloques a la cadena de bloques. Sin embargo, este proceso consume mucha energía, ya que requiere el uso de potentes ordenadores para resolver los problemas matemáticos. Además, la prueba de trabajo hace que la red sea más vulnerable a ataques del 51%.

La prueba de participación (Proof of Stake) es una alternativa a la prueba de trabajo que permite reducir el consumo energético. En este mecanismo, los validadores se eligen en función de la cantidad de criptomonedas que poseen y bloquean dichas criptomonedas como garantía. Los validadores reciben recompensas por haber validado las transacciones en la red. La prueba de participación también reduce el riesgo de ataques del 51%.

Existen otros mecanismos de consenso, como la prueba de autoridad (Proof of Authority) y la prueba de tiempo y espacio (Proof of Space-Time).

La elección del mecanismo de consenso depende de los objetivos y características de cada criptomoneda. La prueba de trabajo se utiliza normalmente en criptomonedas que priorizan la seguridad y la descentralización, mientras que la prueba de participación se utiliza en criptomonedas que buscan reducir el consumo energético y acelerar las transacciones.

Los desafíos de la descentralización y la confianza

La descentralización y la confianza son fundamentales en las criptomonedas. Las criptomonedas son monedas digitales reguladas por redes descentralizadas en lugar de instituciones financieras centrales como los bancos. Estas redes descentralizadas están formadas por una serie de nodos que trabajan juntos para mantener la validez de las transacciones utilizando la tecnología de la cadena de bloques.

Una de las principales ventajas de la descentralización es que ofrece una mayor seguridad. Los datos almacenados en una red descentralizada son más difíciles de piratear o manipular, ya que los datos se duplican y almacenan en muchos nodos diferentes. Por lo tanto, incluso si un nodo se ve comprometido, los demás nodos de la red pueden seguir funcionando normalmente.

Además, la descentralización permite una mayor transparencia, ya que todas las transacciones se registran en un libro mayor público llamado cadena de bloques. Esto significa que todas las transacciones son verificables y rastreables, lo que hace más difícil la falsificación o manipulación de los datos. Los usuarios pueden confiar en el sistema porque saben que todas las transacciones se registran de forma transparente e inmutable.

Sin embargo, la descentralización también puede plantear desafíos en términos de gobernanza y regulación. Dado que no hay una autoridad central que regule la red, es importante encontrar formas de tomar decisiones colectivas. La gobernanza descentralizada, basada en protocolos de consenso como la prueba de trabajo o la prueba de participación, puede ayudar a resolver estos desafíos.

La confianza también es un elemento clave de la descentralización. Las criptomonedas a menudo se consideran una forma de eludir las instituciones financieras tradicionales y dar a las personas un mayor control sobre su dinero. Sin embargo, para que esto sea posible, los usuarios deben confiar en el sistema. Deben estar convencidos de que su dinero está seguro y de que pueden acceder a sus fondos en cualquier momento.

Por lo tanto, la seguridad es un aspecto esencial de la confianza. Los usuarios deben saber que sus fondos están seguros y que pueden acceder a sus carteras en todo momento. Las carteras de criptomonedas ofrecen un alto nivel de seguridad, ya que utilizan claves criptográficas para proteger los fondos. Sin embargo, esto también significa que los usuarios son responsables de la seguridad de sus propios fondos, lo cual puede ser un desafío para aquellos que no están familiarizados con la tecnología.

Por último, la confianza en las criptomonedas también depende de su adopción por parte de las empresas y los consumidores. Cuantas más empresas acepten pagos con criptomonedas, más fácil será para los usuarios comprar bienes y servicios con sus fondos. Los gobiernos y las instituciones financieras también pueden desempeñar un papel clave en la confianza al ofrecer un marco regulatorio estable y al fomentar la adopción de la tecnología.

Los protocolos de consenso: prueba de trabajo, prueba de participación, etc.

Los protocolos de consenso son algoritmos que permiten a los participantes de una red llegar a un consenso sobre el estado del sistema y las transacciones válidas. El protocolo de consenso es uno de los elementos clave de la tecnología de la cadena de bloques, ya que garantiza la seguridad y la confiabilidad de la red.

El protocolo de consenso más conocido es la prueba de trabajo (PoW), que se utiliza en Bitcoin y muchas otras criptomonedas. El PoW se basa en la resolución de problemas matemáticos complejos por parte de los mineros, que son recompensados con nuevas monedas. Este proceso requiere un alto consumo de energía, ya que los mineros deben realizar cálculos intensivos para resolver las ecuaciones.

Otro protocolo de consenso es la prueba de participación (PoS), que se utiliza en criptomonedas como Cardano y Ethereum. A diferencia del PoW, el PoS no requiere cálculos intensivos, sino que se basa en la apuesta de una cierta cantidad de monedas. Los validadores de la red son seleccionados en función de la cantidad de monedas que han apostado, lo que proporciona a los participantes un incentivo para mantener la integridad de la red.

Otros protocolos de consenso emergentes incluyen la prueba de participación delegada (DPoS), la prueba de autoridad (PoA) y la prueba de tiempo transcurrido (PoET). Cada uno de estos protocolos tiene sus ventajas y desventajas en términos de seguridad, escalabilidad y eficiencia energética.

En general, los protocolos de consenso están diseñados para resolver los problemas de coordinación y confianza en un sistema descentralizado. Permiten a los participantes llegar a un acuerdo sobre el estado del sistema sin tener que confiar en una entidad central. Sin embargo, cada protocolo tiene sus propios desafíos y compromisos, y los desarrolladores deben tener en cuenta estos factores al diseñar redes de criptomonedas.

Los mecanismos de consenso y sus ventajas/ desventajas

Los mecanismos de consenso son fundamentales en las criptomonedas y son esenciales para garantizar su seguridad y funcionamiento. Estos mecanismos permiten validar las transacciones realizadas en la cadena de bloques y asegurar la coherencia e integridad de la red.

Existen diferentes mecanismos de consenso, cada uno con sus propias ventajas y desventajas. El primer mecanismo de consenso utilizado fue la prueba de trabajo (Proof of Work o PoW), que se utiliza en Bitcoin. El PoW consiste en resolver cálculos matemáticos complejos para validar las transacciones y crear nuevos bloques. Los mineros que resuelven estos cálculos son recompensados con nuevas unidades de criptomonedas.

La principal ventaja del PoW es su seguridad, ya que es muy difícil para un atacante modificar los bloques existentes sin ser detectado. Sin embargo, el PoW también consume mucha energía, ya que los cálculos requieren una potencia informática significativa, lo que puede hacer que el proceso de validación de transacciones sea lento y costoso.

Otro mecanismo de consenso es la prueba de participación (Proof of Stake o PoS), que se utiliza en criptomonedas como Cardano y Ethereum. En el PoS, los validadores (o «stakers») deben demostrar su compromiso con la cadena de bloques bloqueando una cierta cantidad de tokens. Los validadores son seleccionados en función de la cantidad de tokens que han bloqueado y son recompensados con tarifas de transacción.

La principal ventaja del PoS es su menor consumo de energía en comparación con el PoW, ya que no requiere cálculos matemáticos complejos para resolver. Sin embargo, algunos críticos consideran que el PoS favorece a los grandes poseedores de tokens, lo que puede conducir a una centralización de la red.

También existen otros mecanismos de consenso, como la prueba de capacidad (Proof of Capacity o PoC), la prueba de trabajo y servicio (Proof of Work and Service o PoWS), y la prueba de participación (Proof of Participation o PoP), aunque se utilizan menos.

Los desafíos y soluciones en seguridad

La seguridad es uno de los principales desafíos en el mundo de las criptomonedas, ya que la naturaleza descentralizada de las cadenas de bloques las hace potencialmente vulnerables a una variedad de ataques maliciosos. Por lo tanto, los poseedores de criptomonedas deben ser especialmente vigilantes en cuanto a la seguridad de sus activos digitales.

Uno de los riesgos más comunes es el pirateo de carteras, donde un atacante busca obtener acceso a las claves privadas de una cartera para apropiarse de los fondos. Los usuarios deben tomar medidas de seguridad para proteger sus claves privadas, como el uso de carteras de hardware o la activación de la autenticación de doble factor.

Otra amenaza es la posibilidad de un ataque del 51%, donde un grupo de atacantes puede tomar el control de más de la mitad del poder de cómputo de una cadena de bloques, lo que les permite manipular las transacciones y falsificar la cadena de bloques. Los protocolos de consenso Proof of Work y Proof of Stake están diseñados para prevenir este tipo de ataque, pero es importante vigilar la distribución del poder de cómputo en una cadena de bloques para detectar cualquier anomalía.

Los pirateos de intercambio, donde las plataformas de intercambio se ven comprometidas, también pueden provocar la pérdida de fondos. Los usuarios deben elegir plataformas de intercambio reputadas y confiables y asegurarse de que sus fondos estén almacenados de manera segura.

También es importante tener en cuenta que la seguridad de las criptomonedas está estrechamente relacionada con la seguridad informática en general. Los usuarios deben tomar medidas de seguridad, como el uso de contraseñas seguras y software antivirus actualizado, para protegerse contra ataques cibernéticos.

También existen soluciones para fortalecer la seguridad de las criptomonedas. Por ejemplo, las cadenas de bloques pueden diseñarse para incorporar funciones de privacidad y protección de datos para proteger a los usuarios de ataques de vigilancia y robo de datos.

Los protocolos de consenso alternativos, como Proof of Authority y Proof of Reputation, también se están desarrollando para fortalecer la seguridad y prevenir ataques.

Finalmente, la adopción de regulaciones y estándares de seguridad para la industria de las criptomonedas puede ayudar a proteger a los usuarios de riesgos y fortalecer la confianza en las criptomonedas.

En resumen, la seguridad es un desafío importante para las criptomonedas, pero existen medidas que los usuarios pueden tomar para protegerse y soluciones en desarrollo para fortalecer la seguridad en toda la industria. Es importante tomar las medidas de seguridad adecuadas para proteger los activos digitales y mantenerse al tanto de los avances en seguridad en el mundo de las criptomonedas.

Los protocolos y las plataformas de intercambio

Los protocolos de intercambio descentralizados

Los protocolos de intercambio descentralizados representan una innovación importante en el mundo de las criptomonedas. Permiten a los usuarios comerciar activos digitales directamente entre sí, sin tener que pasar por una plataforma de intercambio centralizada.

A diferencia de las plataformas de intercambio centralizadas, los protocolos de intercambio descentralizados se basan en tecnología de cadena de bloques y son completamente transparentes y públicos. Los usuarios pueden intercambiar activos digitales de manera segura y sin tener que confiar en una tercera parte. Además, no están limitados por restricciones geográficas o de divisas impuestas por las plataformas de intercambio centralizadas.

Los protocolos de intercambio descentralizados también ofrecen una mejor protección contra los riesgos de piratería y robo de fondos, ya que los fondos se almacenan directamente en la billetera del usuario y no en un servidor centralizado. Además, las tarifas de transacción suelen ser más bajas en los protocolos de intercambio descentralizados que en las plataformas de intercambio centralizadas.

Existen varios protocolos de intercambio descentralizados populares, como Uniswap, SushiSwap y PancakeSwap. Estos protocolos están construidos sobre cadenas de bloques públicas como Ethereum y Binance Smart Chain, y permiten a los usuarios intercambiar activos digitales con gran facilidad.

Sin embargo, los protocolos de intercambio descentralizados también tienen algunas desventajas. Por ejemplo, la liquidez en estos protocolos puede ser limitada, lo que puede resultar en diferencias de precios significativas en comparación con las plataformas de intercambio centralizadas. Además, la complejidad en el uso de los protocolos de intercambio descentralizados puede desanimar a principiantes o usuarios menos tecnológicos.

A pesar de estas limitaciones, los protocolos de intercambio descentralizados representan una innovación importante en el mundo de las criptomonedas. Ofrecen a los usuarios una forma más segura, transparente y accesible de comerciar activos digitales, y son un ejemplo del poder de la tecnología de cadena de bloques para cambiar las reglas del juego en el mundo financiero.

Las plataformas de intercambio centralizadas

Las plataformas de intercambio centralizadas son sitios web donde los usuarios pueden intercambiar criptomonedas por otros activos o monedas, y donde los intercambios son ejecutados a través de un tercero de confianza, generalmente el operador de la plataforma de intercambio. Estas plataformas fueron los primeros actores importantes en el ecosistema de las criptomonedas y siguen desempeñando un papel importante para los usuarios que desean invertir o comerciar criptomonedas.

Las plataformas de intercambio centralizadas suelen ofrecer interfaces de usuario simples y fáciles de usar, lo que permite a los usuarios comprar o vender criptomonedas con monedas fiduciarias u otras criptomonedas. Los usuarios pueden realizar órdenes de compra o venta a precios específicos, y los intercambios se ejecutan tan pronto como las ofertas y las demandas se encuentran. Las plataformas de intercambio centralizadas también ofrecen herramientas de comercio avanzadas para usuarios más experimentados, como gráficos de precios, indicadores técnicos y herramientas de análisis fundamental.

Sin embargo, las plataformas de intercambio centralizadas también enfrentan desafíos importantes en cuanto a seguridad y confiabilidad. Han sido objeto de varios ataques de hackers a lo largo de los años, lo que ha resultado en la pérdida de millones de dólares en fondos de clientes. Además, algunas plataformas de intercambio han sido acusadas de manipular precios y llevar a cabo prácticas comerciales engañosas.

Estos riesgos han llevado a muchos usuarios a recurrir a plataformas de intercambio descentralizadas, que funcionan sin intermediarios y ofrecen un nivel de seguridad superior debido a su arquitectura distribuida. Sin embargo, las plataformas de intercambio centralizadas siguen siendo una opción popular para muchos usuarios debido a su facilidad de uso y alta liquidez.

Es importante tener en cuenta que los usuarios siempre

deben ser cautelosos al utilizar plataformas de intercambio centralizadas y tomar medidas de seguridad apropiadas para proteger sus fondos. Esto puede incluir el uso de autenticación de dos factores, el almacenamiento de fondos en billeteras frías fuera de línea y la verificación de la reputación y el historial de la plataforma de intercambio antes de confiarles fondos.

Liquidez y transparencia del mercado

La liquidez y la transparencia del mercado son elementos clave en el funcionamiento de las criptomonedas. La liquidez se refiere a la facilidad con la que una criptomoneda puede ser comprada o vendida en el mercado. Una buena liquidez permite a los inversionistas comprar o vender criptomonedas sin tener que esperar mucho tiempo para encontrar un comprador o vendedor. La transparencia, por su parte, se refiere a la visibilidad de las transacciones y los movimientos de fondos en un mercado. Esto permite a los inversionistas seguir los movimientos de los precios y evaluar el riesgo asociado a una inversión.

La liquidez y la transparencia del mercado dependen en gran medida del tamaño del mercado y del número de participantes. Las criptomonedas más populares como Bitcoin y Ethereum suelen tener una mejor liquidez que las criptomonedas menos conocidas. Las plataformas de intercambio centralizadas como Binance, Coinbase y Kraken son los lugares más grandes para el comercio de criptomonedas, ofreciendo una gran liquidez y una alta transparencia debido a la visibilidad de sus libros de órdenes.

Sin embargo, la transparencia puede verse comprometida
si actores malintencionados intentan manipular el mercado.
Esto puede ocurrir si un gran inversionista compra o
vende una gran cantidad de criptomonedas de una sola
vez, lo que puede hacer fluctuar los precios y engañar
a los inversionistas. Los intercambios descentralizados
generalmente se consideran más transparentes ya que
funcionan sin intermediarios, pero su liquidez suele ser
menor que la de los intercambios centralizados.

La liquidez y la transparencia del mercado también pueden
verse afectadas por regulaciones gubernamentales. Si un
país prohíbe el uso o el comercio de criptomonedas, esto
puede reducir la liquidez y la transparencia del mercado
para esa criptomoneda en ese país. Las restricciones
regulatorias también pueden dificultar que los inversionistas
encuentren intercambios confiables para comprar o vender
criptomonedas.

Los actores del mercado de las criptomonedas

Los mineros y los nodos de la red

Las criptomonedas son monedas digitales descentralizadas que se crean, almacenan y transfieren a través de una red de participantes llamada blockchain. Esta red es gestionada por mineros y nodos que trabajan juntos para asegurar la seguridad y la validez de las transacciones.

Los mineros son participantes de la red que utilizan su poder de cálculo para verificar las transacciones y crear nuevos bloques de transacciones. Cada bloque contiene transacciones recientes que han sido verificadas por los mineros y agregadas a la blockchain. Como recompensa por su trabajo, los mineros reciben una pequeña cantidad de la criptomoneda en creación.

Los nodos son participantes de la red que almacenan una copia de la blockchain y verifican las transacciones que se agregan a ella. Los nodos son esenciales para la seguridad de la red, ya que verifican que las transacciones sean válidas antes de ser agregadas a la blockchain. En caso de duda, los nodos pueden rechazar una transacción sospechosa y evitar así fraudes.

Es importante tener en cuenta que no todos los mineros son nodos, y no todos los nodos son mineros. Los mineros se encargan de crear nuevos bloques de transacciones y validar las transacciones que se agregan a ellos, mientras que los nodos se encargan de almacenar y verificar las transacciones que se han agregado a la blockchain.

La creación de nuevos bloques de transacciones es un proceso que requiere mucha potencia de cálculo. Esto significa que los mineros deben invertir en costoso hardware informático para poder participar en la creación de nuevos bloques. Esto puede hacer que el proceso de minería sea muy competitivo, ya que los mineros con los recursos más poderosos suelen ser los más propensos a crear nuevos bloques y recibir una recompensa.

Las plataformas de intercambio y los servicios de corretaje

Las plataformas de intercambio y los servicios de corretaje son elementos clave en el ecosistema de las criptomonedas. Estas plataformas permiten a los usuarios comprar, vender e intercambiar criptomonedas por monedas tradicionales como el euro o el dólar. Los servicios de corretaje, por su parte, ofrecen servicios similares pero a menudo están asociados con asesoramiento y gestión de carteras.

Las plataformas de intercambio pueden ser centralizadas o descentralizadas. Las plataformas de intercambio centralizadas suelen ser más fáciles de usar y ofrecen características avanzadas como el uso de apalancamiento financiero para invertir. Sin embargo, también presentan riesgos como piratería de datos o fondos. Las plataformas de intercambio descentralizadas son más seguras ya que se basan en tecnologías de blockchain, pero pueden ser más difíciles de usar para principiantes.

Los servicios de corretaje son una opción interesante para aquellos que desean invertir en criptomonedas pero que carecen de conocimientos técnicos o necesitan orientación en la gestión de su cartera. Estos servicios ofrecen herramientas de análisis y asesoramiento personalizado para ayudar a los inversores a tomar decisiones informadas en función de sus objetivos de inversión.

Es importante elegir cuidadosamente una plataforma de intercambio o un servicio de corretaje teniendo en cuenta varios criterios como las comisiones de transacción, la seguridad, la liquidez, la gama de productos y los servicios ofrecidos. También es importante verificar la reputación y el historial de la plataforma o el servicio de corretaje a través de fuentes confiables.

Finalmente, es importante destacar que el uso de plataformas de intercambio o servicios de corretaje no garantiza la rentabilidad de la inversión en criptomonedas. Los inversores siempre deben tener precaución y diligencia en sus decisiones de inversión y nunca invertir más de lo que pueden permitirse perder.

Los proveedores de servicios de almacenamiento y gestión de carteras

Los proveedores de servicios de almacenamiento y gestión de carteras son actores clave en el ecosistema de las criptomonedas. Ofrecen soluciones para almacenar y gestionar de forma segura activos digitales.

Existen dos tipos de almacenamiento: caliente y frío. El almacenamiento caliente implica almacenar las criptomonedas en monederos electrónicos conectados a Internet, lo que los hace más vulnerables a hackeos. Por otro lado, el almacenamiento frío consiste en almacenar los activos digitales fuera de línea, en medios físicos como USB cifrados o discos duros externos. Este método de almacenamiento se considera el más seguro.

Los proveedores de servicios de almacenamiento de criptomonedas ofrecen una variedad de soluciones de almacenamiento caliente y frío para satisfacer las necesidades de sus clientes. También ofrecen soluciones de gestión de carteras electrónicas, que permiten realizar un seguimiento de los movimientos de los activos digitales y administrarlos fácilmente.

Los proveedores de servicios de almacenamiento y gestión de carteras están regulados y deben cumplir con las normas de seguridad vigentes para garantizar la seguridad de los activos digitales de sus clientes. Algunos actores del mercado, como los bancos, también están incursionando en la provisión de servicios de almacenamiento y gestión de carteras de criptomonedas.

Plataformas y servicios relacionados con las criptomonedas

Los intercambios: centralizados y descentralizados

Uno de los aspectos clave del mundo de las criptomonedas es la capacidad de los usuarios para intercambiar monedas digitales. Los intercambios son plataformas en línea que permiten a los usuarios comprar, vender y negociar criptomonedas en tiempo real. Hay dos tipos de intercambios de criptomonedas: centralizados y descentralizados.

Los intercambios centralizados son plataformas que funcionan como bolsas de valores tradicionales, con una empresa líder que administra las operaciones y garantiza la seguridad de los fondos. Los usuarios pueden depositar fondos en el intercambio, que luego se utilizan para comprar criptomonedas en la plataforma. Los intercambios centralizados suelen ser más amigables para los principiantes, ya que ofrecen un servicio al cliente y soporte técnico más completo. Los intercambios centralizados también son más líquidos, lo que significa que hay más vendedores y compradores, facilitando así la negociación de monedas digitales.

Sin embargo, los intercambios centralizados también son más vulnerables a los ataques cibernéticos, ya que todos los fondos se almacenan en una entidad centralizada.

Ha habido varios ejemplos en el pasado de intercambios centralizados que han sido hackeados, resultando en la pérdida de millones de dólares en fondos de los usuarios. Los intercambios centralizados también están sujetos a una regulación gubernamental más estricta, ya que se consideran entidades financieras tradicionales.

Por otro lado, los intercambios descentralizados son plataformas que funcionan sin una autoridad central o una empresa líder. Los usuarios pueden intercambiar criptomonedas directamente entre sí, utilizando una cadena de bloques para registrar las transacciones. Los intercambios descentralizados son más seguros, ya que los fondos de los usuarios se almacenan en su propia billetera en lugar de una plataforma centralizada. Los intercambios descentralizados también son más transparentes, ya que todas las transacciones se registran en una cadena de bloques pública.

Sin embargo, los intercambios descentralizados a menudo son menos amigables para los principiantes, ya que requieren cierto conocimiento técnico de la cadena de bloques y las billeteras de criptomonedas. Los intercambios descentralizados también pueden ser menos líquidos, lo que dificulta la negociación de criptomonedas.

En última instancia, la elección entre un intercambio centralizado o descentralizado dependerá de las preferencias y prioridades de cada usuario. Los intercambios centralizados ofrecen una mayor facilidad de uso y mayor liquidez, pero son más vulnerables a los ataques cibernéticos. Los intercambios descentralizados son más seguros y transparentes, pero pueden ser más complicados de usar y menos líquidos. Ambos tipos de intercambios tienen ventajas y desventajas, y los usuarios deben investigar por sí mismos para decidir qué tipo de intercambio se adapta mejor a sus necesidades y objetivos.

Las plataformas de préstamo y staking

Las plataformas de préstamo y staking son elementos clave en el ecosistema de las criptomonedas. Permiten a los titulares de criptomonedas obtener intereses sobre sus activos, al mismo tiempo que brindan una fuente de financiamiento para los prestatarios. Estas plataformas son frecuentemente utilizadas en el marco de la finanzas descentralizadas (DeFi), que busca ofrecer servicios financieros más accesibles y equitativos para todos.

Las plataformas de préstamo funcionan conectando a prestatarios y prestamistas de manera descentralizada. Los prestatarios proporcionan garantías en criptomonedas para obtener préstamos, mientras que los prestamistas proporcionan liquidez en criptomonedas para generar intereses sobre su inversión. Las tasas de interés ofrecidas por estas plataformas varían según la oferta y la demanda, así como el nivel de riesgo asociado a cada prestatario.

Por su parte, las plataformas de staking permiten a los titulares de criptomonedas participar en la validación de transacciones en una red blockchain. Al hacer staking de sus tokens, contribuyen a la seguridad y resiliencia de la red, y a cambio reciben recompensas en forma de nuevas

unidades de criptomonedas. El staking también es una forma
de participación en la gobernanza de las redes, ya que los
titulares de tokens frecuentemente tienen derecho a voto en
decisiones importantes.

Estas plataformas pueden ser utilizadas por cualquier tipo de
titular de criptomonedas, ya sean individuos o instituciones.
También ofrecen opciones de flexibilidad en términos de
duración de la inversión, tasas de interés y nivel de riesgo.
Las plataformas de préstamo y staking se han vuelto muy
populares en los últimos años, especialmente gracias al
crecimiento de DeFi y al aumento en el número de inversores
en criptomonedas.

Sin embargo, es importante tener en cuenta que estas
plataformas también presentan riesgos. Las fluctuaciones
en el precio de las criptomonedas pueden afectar el valor
de las garantías proporcionadas por los prestatarios, y las
tasas de interés ofrecidas por las plataformas pueden variar
considerablemente según la oferta y la demanda. Por lo
tanto, los inversores deben ser conscientes de estos riesgos y
ser diligentes al utilizar estas plataformas.

Las aplicaciones descentralizadas (dApps)

Las aplicaciones descentralizadas (dApps) son programas
informáticos diseñados para funcionar en tecnología
blockchain, que es la base de las criptomonedas. A diferencia
de las aplicaciones tradicionales que están controladas
por una autoridad central, las dApps son descentralizadas,
lo que significa que se ejecutan en una red de nodos

independientes entre sí.

Las dApps pueden adoptar muchas formas, desde juegos hasta aplicaciones financieras, pasando por redes sociales y plataformas de intercambio de archivos. Lo que las distingue de las aplicaciones tradicionales es que están construidas en protocolos descentralizados y autónomos, lo que les permite ofrecer beneficios únicos como transparencia, seguridad y resiliencia.

Las dApps a menudo están asociadas con los protocolos de DeFi (finanzas descentralizadas), ya que ofrecen soluciones financieras sin necesidad de intermediarios de una institución financiera tradicional. Por ejemplo, dApps como Uniswap permiten a los usuarios intercambiar criptomonedas directamente sin pasar por una plataforma de intercambio centralizada. De la misma manera, los protocolos de préstamo descentralizados como Aave permiten a los usuarios prestar y pedir préstamos en criptomonedas sin la necesidad de un banco tradicional.

Las dApps también pueden ofrecer beneficios para los creadores de contenido, al permitir la creación y distribución de contenido descentralizado sin depender de plataformas centralizadas como YouTube o Vimeo. Por ejemplo, dApps como BitTube ofrecen plataformas de intercambio de videos descentralizadas que permiten a los usuarios ganar recompensas en criptomonedas por la creación de contenido.

Oráculos y servicios de agregación de datos

Los oráculos y los servicios de agregación de datos son
elementos clave en el ecosistema de las criptomonedas. Los
oráculos son interfaces que conectan datos del mundo real
con contratos inteligentes ejecutados en la blockchain. Son
fundamentales para que las dApps puedan interactuar con
información en tiempo real, como precios de activos, datos
meteorológicos o eventos de noticias.

Por otro lado, los servicios de agregación de datos son
plataformas que recopilan y proveen datos de calidad
provenientes de diversas fuentes, lo que permite a los
usuarios tomar decisiones informadas en cuanto a
inversiones. Estos servicios son frecuentemente utilizados
por traders para obtener información sobre volúmenes de
negociación, precios, tendencias del mercado y señales de
trading.

Los oráculos y los servicios de agregación de datos son de
gran importancia para el ecosistema de las criptomonedas,
ya que permiten que las dApps funcionen correctamente
y ofrecen a los usuarios información valiosa para sus
decisiones de inversión.

Sin embargo, los oráculos y los servicios de agregación
de datos también están sujetos a riesgos como errores de
datos, manipulaciones de datos y ataques maliciosos. Para
hacerles frente, se utilizan soluciones de seguridad como
la criptografía, mecanismos de consenso y auditorías de
seguridad para garantizar la integridad y confidencialidad de
los datos.

En última instancia, los oráculos y los servicios de agregación de datos son herramientas indispensables para las dApps y los inversores en el mundo de las criptomonedas. Permiten conectar el mundo real con la blockchain y proporcionar información de calidad para tomar decisiones informadas. Sin embargo, es importante usarlos con precaución y tener en cuenta los riesgos potenciales asociados con estos servicios.

Las criptomonedas y los desafíos técnicos

La escalabilidad y las soluciones para mejorar el rendimiento de las redes

La escalabilidad es uno de los desafíos principales que enfrentan las criptomonedas. A medida que aumenta la popularidad de las criptomonedas, también aumenta el número de transacciones procesadas en las redes blockchain, lo que puede resultar en cuellos de botella y tiempos de procesamiento más largos.

Afortunadamente, se han propuesto varias soluciones para mejorar la escalabilidad de las criptomonedas. Una de las soluciones más comunes es la optimización de los protocolos de consenso, como la prueba de trabajo y la prueba de participación. Estos protocolos son esenciales para validar las transacciones en la red y deben ser eficientes para evitar tiempos de procesamiento prolongados.

Otra solución popular para mejorar la escalabilidad es el uso de tecnología de escalado fuera de la cadena, como la red de rayos para Bitcoin. Esta tecnología permite procesar transacciones fuera de la cadena principal, lo que reduce el número de transacciones procesadas en la cadena principal y mejora los tiempos de procesamiento.

Las redes de fragmentación también son una solución prometedora para mejorar la escalabilidad de las criptomonedas. Esta tecnología permite dividir la base de datos en varios fragmentos llamados «shards», que pueden procesarse en paralelo. Esto permite procesar un mayor número de transacciones de manera más rápida, sin sacrificar la seguridad de la red.

Por último, la adopción de protocolos de consenso alternativos como el Delegated Proof of Stake (DPoS) también puede contribuir a mejorar la escalabilidad de las criptomonedas. Los protocolos DPoS permiten a los titulares de tokens votar por los nodos que validarán las transacciones en la red, lo que reduce el número de nodos necesarios para validar las transacciones.

Los desafíos de privacidad y anonimato

La privacidad y el anonimato son cuestiones clave en el mundo de las criptomonedas. De hecho, a diferencia de las transacciones financieras tradicionales, las transacciones realizadas con criptomonedas suelen ser anónimas y no requieren la identificación de las partes involucradas. Esta característica puede ser tanto una fortaleza como una debilidad de las criptomonedas.

Por un lado, la anonimidad de las transacciones puede considerarse un avance importante para la privacidad de los usuarios. De hecho, las transacciones realizadas con criptomonedas se pueden realizar sin revelar información personal, lo cual es especialmente importante para las personas que desean proteger su privacidad. Además, esto también puede hacer que las transacciones sean más seguras, ya que la información personal no está expuesta a riesgos de piratería.

Sin embargo, la anonimidad de las transacciones también puede utilizarse para fines ilegales, como el lavado de dinero y el financiamiento del terrorismo. Por lo tanto, los reguladores y las autoridades tienden a considerar que esta anonimidad es una debilidad de las criptomonedas, que puede favorecer actividades criminales.

Para abordar estos desafíos, muchas criptomonedas ahora incorporan características de mayor privacidad. Por ejemplo, algunas criptomonedas utilizan técnicas avanzadas de cifrado para proteger los datos personales, mientras que otras implementan técnicas de mezcla para hacer que las transacciones sean más difíciles de rastrear. Además, los reguladores están comenzando a tomar medidas para limitar el anonimato de las transacciones realizadas con criptomonedas, lo que puede ayudar a prevenir actividades ilegales.

Los problemas de interoperabilidad y los protocolos de comunicación

La interoperabilidad es un problema importante para las criptomonedas. De hecho, la falta de estandarización de los protocolos de comunicación entre las diferentes redes de criptomonedas puede dificultar la interacción y el intercambio de valor entre ellas.

Para resolver este problema, se han desarrollado varios

proyectos para permitir una interoperabilidad eficiente.
El más conocido de ellos es probablemente el proyecto
Cosmos, que tiene como objetivo crear un ecosistema de
blockchains interoperables. Cosmos se basa en la creación
de un protocolo llamado Tendermint, que permite la creación
de blockchains compatibles con la red Cosmos. Estas
blockchains pueden comunicarse entre sí a través de un
protocolo de comunicación llamado IBC (Inter-Blockchain
Communication).

Otro proyecto importante en este campo es Polkadot,
que se basa en una arquitectura de red en forma de
paraguas, con una blockchain central (Polkadot) y varias
blockchains satélites (parachains). Estas parachains pueden
especializarse en áreas de aplicación específicas (por
ejemplo, juegos de video) y pueden comunicarse entre ellas a
través de un protocolo llamado XCMP (Cross-Chain Message
Passing).

También es importante mencionar el proyecto Chainlink, que
tiene como objetivo conectar las blockchains con datos del
mundo real (por ejemplo, datos meteorológicos o tasas de
cambio). Chainlink utiliza «oráculos», agentes que obtienen
datos del mundo real y los transmiten a los contratos
inteligentes en las blockchains.

En conclusión, es importante destacar que la investigación en
interoperabilidad aún está en curso y que muchos proyectos
emergentes están tratando de abordar este desafío. Por
ejemplo, el proyecto RenVM tiene como objetivo crear una
solución de interoperabilidad para monedas privadas (como
Bitcoin o Zcash), mientras que el proyecto Wanchain tiene

como objetivo crear una solución de interoperabilidad para blockchains basadas en Ethereum.

Finanzas descentralizadas (DeFi)

Principios y ventajas de DeFi

Las finanzas descentralizadas (DeFi) son una categoría emergente de la tecnología blockchain que ofrece soluciones financieras alternativas y descentralizadas. Utiliza la blockchain para crear un ecosistema financiero que no depende de intermediarios tradicionales como bancos, corredores y seguros. Los principios fundamentales de DeFi son la transparencia, la seguridad, la accesibilidad y la apertura.

Una de las principales ventajas de DeFi es que permite a los usuarios prescindir de los servicios financieros tradicionales, ofreciendo alternativas de bajo costo y accesibles para todos. Los usuarios pueden participar en DeFi como prestamistas, prestatarios o proveedores de liquidez. DeFi también puede proporcionar servicios financieros a personas que no tienen acceso a servicios bancarios tradicionales o tienen dificultades para obtener préstamos de instituciones financieras tradicionales.

Otra ventaja de DeFi es que permite una total transparencia de las transacciones. Todas las transacciones se registran en la blockchain y están disponibles para todos los usuarios. Esto ofrece una mayor seguridad, ya que todas las transacciones son verificadas y validadas por los usuarios de la red, lo que reduce los riesgos de fraude y corrupción.

DeFi también ofrece soluciones de préstamo más eficientes

y rápidas que los préstamos tradicionales, eliminando intermediarios y permitiendo préstamos entre pares. Las tasas de interés ofrecidas por los protocolos DeFi suelen ser más bajas que las de las instituciones financieras tradicionales, lo que puede permitir a los usuarios ahorrar dinero significativo.

Finalmente, DeFi también permite una gran flexibilidad en el uso de activos. Los usuarios pueden utilizar una amplia variedad de criptomonedas como garantía para préstamos, y también pueden utilizar activos tradicionales como monedas fiduciarias. Esto ofrece una amplia diversidad de opciones de inversión para los usuarios.

Protocolos de intercambio y liquidez

Los protocolos de intercambio y liquidez son elementos clave en el mercado de criptomonedas. Permiten a los inversores comprar, vender e intercambiar activos digitales de manera rápida y eficiente, lo cual es fundamental para el crecimiento y la estabilidad del mercado. En esta sección, exploraremos los diferentes protocolos de intercambio y liquidez que existen, así como las plataformas de intercambio centralizadas y descentralizadas.

Los protocolos de intercambio descentralizados (DEX) han ganado popularidad en los últimos años, ya que ofrecen a los inversores una forma más segura y transparente de intercambiar activos digitales. A diferencia de los intercambios centralizados, los DEX no dependen de una sola entidad para el almacenamiento y procesamiento de transacciones, lo que reduce el riesgo de piratería y robo. Los DEX utilizan contratos inteligentes para automatizar las transacciones entre compradores y vendedores, sin necesidad de un intermediario centralizado. Esto reduce las tarifas de transacción y garantiza una mayor transparencia en las transacciones.

Las plataformas de intercambio centralizadas, por otro lado, siguen siendo muy populares entre los inversores. Ofrecen una mayor liquidez que los DEX, lo que permite a los traders comprar y vender activos digitales de manera rápida y fácil. Sin embargo, los intercambios centralizados están más expuestos a riesgos de piratería y robo, ya que dependen de un solo punto de acceso para almacenar y procesar transacciones.

Las plataformas de intercambio centralizadas también ofrecen características adicionales, como la posibilidad de comprar activos digitales con monedas fiduciarias (como el dólar estadounidense o el euro), así como la posibilidad de utilizar herramientas de análisis de mercado y seguimiento de cartera.

Ambos tipos de plataformas de intercambio tienen ventajas y desventajas. Los DEX son más seguros y transparentes, pero tienen una menor liquidez. Los intercambios centralizados ofrecen una mayor liquidez, pero están más expuestos a riesgos de piratería y robo. Por lo tanto, los inversores deben tener en cuenta estos factores al elegir una plataforma de intercambio para sus transacciones.

Por último, es importante destacar que los protocolos de

liquidez también desempeñan un papel crucial en el mercado de criptomonedas. Los protocolos de liquidez permiten a los inversores comprar y vender activos digitales a precios más favorables al agrupar órdenes de compra y venta en diferentes plataformas de intercambio. Los protocolos de liquidez mejoran la liquidez del mercado y reducen las diferencias de precios entre las diferentes plataformas de intercambio.

Stablecoins y mecanismos de préstamo

En el mundo de las criptomonedas, las stablecoins son monedas digitales diseñadas para mantener un valor estable, a menudo vinculado a un activo o moneda fiduciaria como el dólar estadounidense o el euro. Permiten a los usuarios protegerse de la volatilidad que suele estar asociada con otras criptomonedas como Bitcoin o Ethereum.

El mecanismo de funcionamiento de las stablecoins es simple: por cada unidad de stablecoin emitida, se mantiene una cantidad equivalente del activo subyacente en reserva. De esta manera, cuando un usuario compra o vende una stablecoin, el precio se ajusta en consecuencia para mantener su valor estable. Las stablecoins pueden ser intercambiadas en plataformas de trading y utilizadas como medio de pago.

Además de la estabilidad, las stablecoins también ofrecen ventajas en términos de préstamos. Los usuarios pueden utilizar sus stablecoins como garantía para obtener préstamos en criptomonedas o moneda fiduciaria. Las plataformas de préstamos de criptomonedas también permiten a los usuarios prestar sus stablecoins a otros usuarios a cambio de un interés. Estos préstamos pueden utilizarse para inversiones o gastos corrientes.

Un ejemplo popular de stablecoin es el Tether (USDT), que está vinculado al dólar estadounidense. Otras stablecoins incluyen el USD Coin (USDC), el Dai (DAI) y el Binance USD (BUSD). Cada una de estas stablecoins está respaldada por una reserva de dólares estadounidenses, lo que garantiza un valor estable.

Sin embargo, es importante tener en cuenta que las stablecoins también pueden presentar riesgos, especialmente en términos de regulación y confianza en las reservas subyacentes. Por lo tanto, es crucial elegir stablecoins emitidas por entidades confiables y monitorear su evaluación regularmente.

DAO y gobernanza descentralizada

Las DAO, o Organizaciones Autónomas Descentralizadas, son organizaciones sin una entidad legal central que funcionan sobre la base de reglas predefinidas y ejecutadas automáticamente por un sistema de contratos inteligentes. Estas organizaciones están basadas en la tecnología blockchain, lo que les confiere una mayor transparencia, seguridad y resiliencia. Las DAO permiten a sus miembros tomar decisiones de manera democrática y descentralizada, utilizando sistemas de votación basados en tokens.

La gobernanza descentralizada, que es uno de los principios
fundamentales de las DAO, es una alternativa interesante
a los modelos de gobernanza centralizada tradicionales.
Permite una mayor transparencia, una distribución justa del
poder y una mejor participación de los miembros. Las DAO
pueden ser utilizadas para una variedad de proyectos, como
crowdfunding, gestión de fondos, gobernanza de proyectos de
código abierto, o incluso la gestión de comunidades en línea.

Las DAO han experimentado un gran crecimiento en
los últimos años, especialmente en el ecosistema de
criptomonedas y finanzas descentralizadas (DeFi). Muchas
plataformas y protocolos DeFi se basan en las DAO, y los
miembros pueden tomar decisiones con respecto a reglas,
protocolos, mejoras y actualizaciones. Las DAO se utilizan a
menudo para la gobernanza de los protocolos de liquidez,
que son el corazón del ecosistema DeFi.

Sin embargo, la gobernanza descentralizada no siempre
garantiza decisiones óptimas o justas. Problemas como
la falta de participación, la manipulación de votos, la
centralización del poder o la corrupción pueden surgir, al
igual que en los modelos de gobernanza centralizada. Por lo
tanto, es importante contar con mecanismos de seguridad y
supervisión adecuados para garantizar una gobernanza justa
y transparente.

Riesgos y desafíos de DeFi

Las finanzas descentralizadas (DeFi) han experimentado un rápido crecimiento en los últimos años, atrayendo miles de millones de dólares de inversión y ofreciendo rendimientos atractivos a los inversores. Sin embargo, a pesar de sus ventajas, DeFi también conlleva riesgos y desafíos importantes que deben tenerse en cuenta.

El primer riesgo asociado a DeFi es la seguridad. Como todas las transacciones se realizan en blockchains públicas, los actores malintencionados pueden intentar explotar vulnerabilidades en contratos inteligentes o plataformas de intercambio para robar fondos. Además, los errores humanos o errores en el código pueden causar pérdidas significativas para los inversores.

El segundo riesgo es la liquidez. Los activos mantenidos en contratos inteligentes pueden ser difíciles de intercambiar por otros activos o retirar en efectivo. Esto puede causar pérdidas significativas para los inversores que necesitan liquidez rápidamente.

El tercer riesgo es la volatilidad. Las criptomonedas y tokens utilizados en DeFi pueden experimentar fluctuaciones significativas en su valor en poco tiempo, lo que puede llevar a pérdidas importantes para los inversores.

Además, DeFi plantea desafíos importantes en términos de regulación. Los reguladores de todo el mundo están supervisando de cerca las actividades relacionadas con DeFi y buscan establecer un marco regulatorio claro para proteger a los inversores y prevenir actividades delictivas.

Finalmente, DeFi enfrenta desafíos importantes en términos de gobernanza. Las plataformas DeFi suelen ser gobernadas por comunidades de titulares de tokens que votan en decisiones importantes. Sin embargo, estos sistemas de gobernanza a menudo son opacos y poco transparentes, lo que puede llevar a decisiones tomadas en interés de unas pocas personas en detrimento de la comunidad en general.

A pesar de estos riesgos y desafíos, DeFi ofrece muchas ventajas potenciales para los inversores. Permite transacciones financieras rápidas, económicas y accesibles para todos, sin necesidad de intermediarios. También ofrece rendimientos atractivos a los inversores a través de mecanismos de préstamo y participación.

Los NFT y la economía digital

Los tokens no fungibles (NFT), son una innovación reciente en el mundo de las criptomonedas que ha capturado la atención de todo el mundo. Los NFT son activos digitales únicos que representan la propiedad de un objeto digital, ya sea una ilustración, un video, una canción o incluso un tweet. A diferencia de las criptomonedas tradicionales como Bitcoin o Ethereum, los NFT no son intercambiables y cada NFT es único.

Los NFT han revolucionado la economía digital al ofrecer a los creadores de contenido digital una nueva forma de monetizar su trabajo. De hecho, los creadores pueden vender

NFT que representen sus obras digitales, lo que les permite beneficiarse de la rareza y el valor de su creación. Por ejemplo, en marzo de 2021, el artista digital Beeple vendió una obra de arte digital en forma de NFT por la asombrosa cantidad de 69 millones de dólares.

Los NFT también son una forma para que los fanáticos apoyen a sus artistas favoritos mientras poseen un objeto único y auténtico. Los fanáticos pueden adquirir un pedazo de la historia de su artista favorito al tiempo que contribuyen a su éxito financiero.

Sin embargo, los NFT también han sido objeto de críticas debido a su impacto ambiental. De hecho, la mayoría de los NFT se crean e intercambian en la blockchain Ethereum, que utiliza una gran cantidad de energía para asegurar su red. Este problema ambiental debe tenerse en cuenta al usar NFT, y deben buscarse soluciones para reducir su huella de carbono.

Los tokens no fungibles (NFT) y la economía digital

Principios y aplicaciones de los NFT

Los tokens no fungibles (Non-Fungible Tokens, NFT) son activos digitales únicos que permiten representar la propiedad y autenticidad de un objeto digital específico, como una obra de arte, un video, un tweet o incluso un token de juego. Los NFT se crean en la blockchain, lo que significa que su propiedad y autenticidad se pueden verificar de manera pública y segura.

Los NFT han experimentado un crecimiento explosivo en los últimos años, con ventas récord de obras de arte digitales y tokens de juego. Los NFT brindan una nueva oportunidad para que artistas, creadores y desarrolladores de juegos ganen dinero vendiendo objetos digitales únicos directamente a sus seguidores, sin necesidad de intermediarios como casas de subastas o plataformas de distribución de juegos.

Los NFT también pueden tener un valor sentimental y simbólico para sus propietarios, como marcadores de su participación o apoyo a una comunidad o causa específica. Los NFT se pueden utilizar para crear tokens de votación para miembros de una comunidad o recompensar a los contribuyentes de un proyecto de código abierto.

Sin embargo, los NFT también se pueden utilizar para

actividades fraudulentas o ilegales, como falsificación, venta de bienes robados o lavado de dinero. Los reguladores y las autoridades gubernamentales están buscando comprender mejor las implicaciones de los NFT para la seguridad financiera y la protección del consumidor, y desarrollar políticas y regulaciones para limitar los riesgos asociados con su uso.

Plataformas de intercambio y creación de NFT

Las plataformas de intercambio y creación de NFT han revolucionado la industria del arte digital y la colección de objetos únicos. Los NFT, o tokens no fungibles, son activos digitales que representan la propiedad de objetos digitales como imágenes, videos, música, etc. Las plataformas de intercambio de NFT permiten a artistas y creadores vender sus obras digitales en forma de NFT, mientras que las plataformas de creación de NFT ofrecen la posibilidad de crear y personalizar NFT según las necesidades y preferencias de los usuarios.

Las plataformas de intercambio de NFT más populares incluyen OpenSea, Rarible, SuperRare y Nifty Gateway. Estas plataformas permiten a los usuarios comprar, vender y coleccionar NFT de manera segura y transparente. Los artistas también pueden utilizar estas plataformas para vender sus creaciones digitales en forma de NFT y, así, obtener una compensación justa por su trabajo.

Las plataformas de creación de NFT también están cada vez más en demanda, ofreciendo a los usuarios la posibilidad de crear y personalizar NFT según sus propias especificaciones. Las plataformas de creación de NFT más conocidas incluyen Mintable, NiftyKit y OpenSea's Creator. Estas plataformas permiten a los usuarios crear NFT únicos a partir de sus propias imágenes, videos o música, y personalizar cada NFT incluyendo elementos específicos como atributos o propiedades especiales.

Los NFT se han convertido en una nueva forma de colección de objetos únicos y valiosos. Las plataformas de intercambio y creación de NFT ofrecen a artistas y creadores una nueva oportunidad de vender su trabajo y darlo a conocer a un público más amplio. Los coleccionistas también pueden aprovechar estas plataformas para adquirir obras digitales únicas y raras, y poseerlas de manera segura y transparente gracias a la tecnología blockchain.

Los desafíos económicos y culturales de los NFT

Los tokens no fungibles (NFT) son una innovación tecnológica reciente en el mundo de las criptomonedas. Los NFT permiten la representación digital de activos únicos, como obras de arte, tokens de juegos de video o incluso tweets, utilizando la tecnología blockchain. Los NFT se han convertido en un tema importante de discusión en los ámbitos económico y cultural debido a su impacto potencial en las industrias del arte, el entretenimiento y la cultura.

Desde el punto de vista económico, los NFT ofrecen nuevas oportunidades para que los artistas y creadores de contenido vendan activos digitales únicos y generen ingresos a partir de su trabajo. Los NFT también permiten proporcionar pruebas de autenticidad y propiedad de activos digitales, lo cual es especialmente importante para las industrias del arte y la cultura, que tradicionalmente han tenido dificultades para combatir la falsificación y la piratería.

Sin embargo, los NFT también han generado preocupación acerca de su impacto en la industria del arte y la cultura. Algunos temen que los NFT se conviertan en una nueva forma de especulación financiera y burbuja especulativa, en lugar de un avance real para los artistas y creadores de contenido. Por lo tanto, es importante comprender correctamente los mecanismos detrás de los NFT y asegurarse de que su uso sea responsable y sostenible.

Desde un punto de vista cultural, los NFT también ofrecen nuevas perspectivas para la creación y difusión de contenido. Los artistas y creadores de contenido pueden aprovechar las posibilidades brindadas por la tecnología blockchain para experimentar con nuevas formas de creación y compartición de contenido. Los NFT también rompen las barreras tradicionales entre el arte y la tecnología, abriendo camino a nuevas formas de creatividad y expresión.

Sin embargo, los NFT también han planteado preguntas sobre el acceso y la diversidad cultural. Algunos temen que los NFT solo sean accesibles para un público limitado de coleccionistas adinerados, lo que podría limitar la diversidad cultural y creativa. Por lo tanto, es importante asegurarse de que el uso de los NFT siga siendo accesible y abierto a todos, con el fin de promover una cultura más inclusiva y diversa.

La inversión y la gestión de carteras

Las estrategias de inversión y los riesgos asociados

Las criptomonedas se han convertido en un tema de inversión muy popular en los últimos años, con muchos inversores buscando aprovechar el rápido crecimiento de este mercado en constante expansión. Sin embargo, es importante tener en cuenta que la inversión en criptomonedas también conlleva riesgos significativos, especialmente debido a la naturaleza volátil de este mercado.

Una de las estrategias de inversión más comunes en criptomonedas es adoptar un enfoque de «comprar y mantener», lo que implica comprar una criptomoneda a un precio determinado y mantenerla durante un período prolongado, con la esperanza de que su valor aumente a largo plazo. Esta estrategia puede ser efectiva para los inversores que creen en la viabilidad a largo plazo de una criptomoneda en particular, pero también conlleva riesgos significativos, especialmente debido a la volatilidad del mercado y las fluctuaciones de precios.

Otra estrategia de inversión común en criptomonedas es el trading diario, que implica comprar y vender criptomonedas a diario o semanalmente con el objetivo de obtener ganancias rápidas aprovechando las fluctuaciones de precios.

Aunque este enfoque puede ser rentable para inversores experimentados, también es muy arriesgado debido a la volatilidad del mercado y la necesidad de tener un profundo conocimiento en análisis técnico para tomar decisiones de trading efectivas.

También es importante tener en cuenta que la inversión en criptomonedas está sujeta a riesgos regulatorios significativos, ya que muchos países buscan regular o incluso prohibir completamente las criptomonedas debido a preocupaciones relacionadas con la seguridad y el fraude. Los inversores deben ser conscientes de estos riesgos y seguir de cerca los desarrollos regulatorios en los países donde invierten.

El análisis fundamental y las herramientas de análisis técnico y de seguimiento

Cuando se trata de invertir en criptomonedas, es esencial tener en cuenta varios factores para evaluar el valor de una moneda digital y su rendimiento futuro. El análisis fundamental es un enfoque que implica examinar los aspectos económicos y financieros subyacentes de una criptomoneda, como su adopción, uso, tecnología y asociaciones. Este análisis puede ayudar a los inversores a determinar si una criptomoneda tiene un potencial de crecimiento a largo plazo.

Uno de los aspectos clave del análisis fundamental es examinar la adopción y el uso de la criptomoneda. Los factores que pueden afectar la adopción y el uso de una criptomoneda incluyen la facilidad de uso, la seguridad, las asociaciones con empresas establecidas y la aceptación por parte de los comerciantes. Por ejemplo, la adopción de Bitcoin por parte de Tesla fue un factor importante en el aumento del valor de la criptomoneda en 2021.

Además, el análisis fundamental también puede centrarse en la tecnología subyacente de la criptomoneda. Los inversores pueden evaluar la calidad y eficiencia de la tecnología blockchain, así como la forma en que se implementa en la criptomoneda. El análisis también puede considerar las innovaciones tecnológicas recientes o futuras que podrían mejorar la seguridad, velocidad o funcionalidad de la criptomoneda.

Además del análisis fundamental, el análisis técnico también se puede utilizar para evaluar las tendencias del mercado y los movimientos de precios de una criptomoneda. El análisis técnico implica examinar gráficos de precios, tendencias de volumen y otros indicadores técnicos para determinar tendencias pasadas y prever tendencias futuras. Sin embargo, es importante tener en cuenta que el análisis técnico no tiene en cuenta los factores fundamentales que pueden influir en el precio de una criptomoneda.

Es importante destacar que el análisis fundamental y técnico no garantiza el éxito de la inversión en criptomonedas. Las inversiones en criptomonedas son altamente especulativas y pueden estar sujetas a una gran volatilidad. Los inversores deben considerar varios factores, incluida su propia tolerancia al riesgo, antes de decidir invertir en criptomonedas.

La diversificación y la gestión de carteras

La diversificación y la gestión de carteras son conceptos importantes para los inversores en criptomonedas. Al igual que con cualquier tipo de inversión, es importante diversificar la cartera para reducir los riesgos y maximizar las ganancias potenciales. La diversificación permite distribuir los riesgos en diferentes activos, diferentes categorías y con diferentes comportamientos.

Es importante tener en cuenta que la diversificación no garantiza ganancias, pero ayuda a minimizar las posibles pérdidas si un activo o una categoría de mercado se desempeña mal. La diversificación se puede lograr invirtiendo en diferentes criptomonedas, diferentes categorías de criptomonedas o en diferentes sectores de la economía relacionados con las criptomonedas.

La gestión de carteras también es crucial para los inversores en criptomonedas. Es importante tener una estrategia clara y bien definida de gestión de carteras para tomar decisiones informadas sobre la compra, venta o retención de activos. Esta estrategia debe incluir objetivos claros, asignación de activos, umbrales de ganancia y pérdida, y monitoreo regular de los cambios en el mercado.

Es importante entender que el mercado de las criptomonedas es extremadamente volátil y puede ser influenciado por factores externos imprevistos. Los inversores en criptomonedas deben estar dispuestos a aceptar posibles pérdidas y tener paciencia para que sus carteras generen rendimientos a largo plazo.

También es importante tener en cuenta que la gestión
de carteras en criptomonedas requiere un profundo
conocimiento de diferentes criptomonedas, las tendencias
del mercado y los factores económicos que pueden influir
en el mercado. Los inversores deben seguir regularmente
las noticias y los desarrollos tecnológicos en el mundo de
las criptomonedas para poder tomar decisiones informadas
sobre la gestión de su cartera.

La fiscalidad y la regulación

La fiscalidad y la regulación de las criptomonedas son temas
cruciales para cualquier inversor o usuario de estos activos
digitales. Aunque las criptomonedas suelen asociarse con
la descentralización y la libertad financiera, también están
sujetas a reglas fiscales y regulaciones en muchos países.

En cuanto a la fiscalidad, las criptomonedas suelen tratarse
como activos financieros, lo que significa que las ganancias
obtenidas con estos activos pueden estar sujetas al impuesto
sobre la renta o al impuesto sobre las ganancias de capital.
Sin embargo, las reglas fiscales varían de un país a otro, por
lo que es importante informarse sobre las reglas aplicables
en su jurisdicción. Además, es importante tener en cuenta
que las transacciones en criptomonedas también pueden
estar sujetas al IVA u otros impuestos similares en algunos
países.

En cuanto a la regulación, muchos países han establecido
marcos regulatorios para regular las transacciones en
criptomonedas. Esto puede incluir requisitos de cumplimiento

en la lucha contra el lavado de dinero (AML) y la financiación del terrorismo (FT), requisitos de registro o licencia para plataformas de intercambio de criptomonedas, o restricciones en la inversión en estos activos digitales.

Es importante destacar que estas regulaciones pueden cambiar rápidamente, y que los inversores y usuarios de criptomonedas deben mantenerse informados sobre los últimos desarrollos en este sentido. Por ejemplo, algunos países han tomado recientemente medidas para prohibir o restringir el uso de ciertas criptomonedas, o para regular más estrictamente las plataformas de intercambio.

En conclusión, la fiscalidad y la regulación de las criptomonedas son temas complejos y en constante evolución. Por lo tanto, es esencial informarse sobre las reglas aplicables en su jurisdicción y mantenerse informado sobre los últimos desarrollos en materia de regulación. Todo inversor o usuario de criptomonedas debe ser consciente de los posibles riesgos asociados con estos activos digitales y tomar medidas para limitar esos riesgos en la medida de lo posible.

Las nuevas formas de financiamiento e inversión

Las Ofertas Iniciales de Monedas (ICO, por sus siglas en inglés) y las Ofertas de Tokens de Seguridad (STO, por sus siglas en inglés)

Las Ofertas Iniciales de Monedas (ICO) y las Ofertas de Tokens de Seguridad (STO) son métodos populares de financiamiento para proyectos basados en la tecnología blockchain. Las ICO y las STO permiten a los inversores adquirir tokens o valores que representan una participación en el proyecto en cuestión. Las ICO y las STO tienen el potencial de revolucionar el mundo de las finanzas al ofrecer nuevas oportunidades de inversión para individuos y empresas.

Las ICO fueron introducidas por primera vez en 2013 con la creación de Mastercoin, que fue la primera ICO exitosa de la historia. Desde entonces, miles de proyectos han utilizado este método para recaudar fondos. Las ICO son frecuentemente utilizadas por startups para financiar el desarrollo de nuevos proyectos basados en la tecnología blockchain. Los inversores compran tokens de criptomonedas emitidos por el proyecto en cuestión a cambio de fondos. Estos tokens pueden ser utilizados para acceder a servicios o productos ofrecidos por el proyecto o pueden ser intercambiados en plataformas de intercambio de criptomonedas.

Las STO, por otro lado, son ofertas de valores seguros y

regulados emitidos en la blockchain. A diferencia de las ICO, las STO están sujetas a estrictas regulaciones de seguridad y protección de inversores, lo que las convierte en una opción de financiamiento más segura y confiable. Las STO pueden utilizarse para recaudar fondos para proyectos más grandes, como bienes raíces, fondos de inversión o para financiar proyectos de infraestructura.

Las ICO y las STO presentan ventajas únicas para los inversores y emisores. Las ICO y las STO ofrecen oportunidades de financiamiento para proyectos en etapas tempranas que tienen dificultades para obtener financiamiento tradicional. Los inversores pueden adquirir una participación en el proyecto a cambio de sus fondos, lo cual puede ser rentable si el proyecto tiene éxito.

Sin embargo, existen riesgos asociados a las ICO y las STO, y los inversores deben actuar con cautela al invertir en estos proyectos. Las ICO pueden estar sujetas a fraudes y los inversores pueden perder su dinero si el proyecto fracasa. Las STO también están sujetas a riesgos regulatorios y los inversores deben asegurarse de que los emisores cumplan con las leyes y regulaciones vigentes.

Las plataformas de crowdfunding y préstamos

Las plataformas de crowdfunding y préstamos han surgido como una forma de financiar proyectos relacionados con criptomonedas. Ofrecen una alternativa a los prestamistas tradicionales al permitir que individuos y empresas obtengan préstamos directamente de la comunidad de inversores de

criptomonedas.

Generalmente, las plataformas de crowdfunding y préstamos son descentralizadas y operan en la blockchain, utilizando contratos inteligentes para automatizar las transacciones entre prestamistas y prestatarios. Los prestamistas pueden prestar fondos a cambio de un interés y los prestatarios pueden acceder a financiamiento sin pasar por instituciones financieras tradicionales.

Estas plataformas también permiten a los inversores diversificar sus carteras invirtiendo en una variedad de proyectos relacionados con criptomonedas, como proyectos de minería, infraestructura, desarrollo de software, ICO y otros proyectos innovadores.

Sin embargo, es importante tener en cuenta que estas plataformas a menudo están asociadas con riesgos elevados. Los prestatarios pueden ser individuos o empresas no reguladas y los proyectos pueden ser altamente especulativos. Por lo tanto, los inversores deben actuar con cautela al invertir en proyectos de crowdfunding o préstamos relacionados con criptomonedas.

Existen varias plataformas de crowdfunding y préstamos basadas en la blockchain, como EthLend, SALT, Celsius Network, Nexo, BlockFi, Bitbond y muchas otras. Estas plataformas ofrecen servicios variados y diferentes ventajas, por lo tanto, es importante investigar correctamente antes de elegir una plataforma para utilizar.

Fondos de inversión y activos criptográficos

Los activos criptográficos han captado la atención de inversores institucionales en los últimos años, y se han creado numerosos fondos de inversión para permitir que los inversores participen en este mercado en crecimiento. Los fondos de inversión ofrecen a los inversores exposición a los activos criptográficos a través de una estructura de fondo tradicional, que permite una gestión profesional y una diversificación de riesgos.

Los fondos de inversión en activos criptográficos pueden adoptar diferentes formas. Los fondos pueden ser pasivos, replicando el rendimiento de un índice de mercado de activos criptográficos, o activos, buscando superar el rendimiento del índice de mercado a través de una gestión activa.

Los fondos pasivos suelen ser fondos indexados o fondos cotizados en bolsa (ETF) que están diseñados para seguir el rendimiento de un índice de mercado de activos criptográficos, como Bitcoin o Ethereum. Estos fondos están diseñados para proporcionar exposición directa al mercado de activos criptográficos sin requerir un conocimiento profundo de la tecnología subyacente o de los mercados.

Los fondos activos, por otro lado, son administrados por profesionales de inversión que buscan superar el rendimiento del índice de mercado invirtiendo en una selección de activos criptográficos. Estos fondos están diseñados para proporcionar exposición al mercado de activos criptográficos al tiempo que ofrecen una gestión profesional y una diversificación de riesgos.

Los fondos de inversión en activos criptográficos están sujetos a regulaciones estrictas en muchos países, y los posibles inversores deben asegurarse de que los fondos en los que están interesados estén regulados y cumplan con los estándares vigentes.

Es importante tener en cuenta que los activos criptográficos son un mercado en constante evolución, con riesgos y oportunidades significativas. Los inversores deben ser conscientes de estos riesgos y actuar con prudencia al invertir en fondos de inversión en activos criptográficos.

Las criptomonedas y la economía mundial

Impacto en los bancos y las instituciones financieras

Las criptomonedas tienen un impacto significativo en los bancos y las instituciones financieras. Estas instituciones se han dado cuenta del potencial de las criptomonedas y están cada vez más involucradas en su desarrollo y adopción.

Los bancos se enfrentan a varios desafíos en relación con las criptomonedas. En primer lugar, deben adaptarse a la aparición de nuevos métodos de pago y transferencia de fondos que podrían amenazar su modelo económico tradicional. Las criptomonedas ofrecen soluciones más rápidas, seguras y económicas que las transacciones financieras tradicionales. Por lo tanto, los bancos deben ser capaces de satisfacer las necesidades de los clientes que deseen utilizar criptomonedas para sus transacciones financieras.

Además, los bancos deben ser conscientes de los riesgos asociados con las criptomonedas, como la volatilidad de los precios, la seguridad de las transacciones y los riesgos de fraude. Para ello, los bancos deben desarrollar soluciones de seguridad y vigilancia para proteger a sus clientes de los ciberataques.

Las instituciones financieras también se ven afectadas

por las criptomonedas. Los inversores institucionales han comenzado a invertir en criptomonedas y activos digitales, lo que ha llevado a un aumento en la capitalización de mercado de estos activos. Como resultado, las instituciones financieras han comenzado a explorar nuevas oportunidades de inversión en criptomonedas y a desarrollar productos financieros basados en estos activos.

Sin embargo, los reguladores financieros han empezado a expresar sus preocupaciones sobre los riesgos asociados con las criptomonedas y han comenzado a reforzar la supervisión de los intercambios de criptomonedas. Por lo tanto, las instituciones financieras deben ser capaces de cumplir con las regulaciones en constante evolución.

Por último, los bancos y las instituciones financieras también deben adaptarse a la aparición de las finanzas descentralizadas (DeFi) basadas en criptomonedas. DeFi ofrece servicios financieros descentralizados, como préstamos, intercambios y contratos inteligentes, sin la necesidad de un tercero para gestionarlos. Por lo tanto, los bancos deben ser capaces de posicionarse en este ecosistema emergente y encontrar formas de colaborar con los protocolos DeFi.

La adopción de criptomonedas por parte de empresas y comercios

La adopción de criptomonedas por parte de empresas y comercios es un área en crecimiento. De hecho, cada vez más empresas eligen aceptar pagos en criptomonedas, especialmente en Bitcoin y Ethereum. Esta adopción se debe a varias razones, incluyendo la creciente popularidad de las criptomonedas y su uso cada vez mayor como medio de pago por parte de los consumidores.

La adopción de criptomonedas por parte de las empresas también puede estar motivada por ventajas financieras. De hecho, los pagos en criptomonedas suelen ser más baratos que los pagos tradicionales, ya que no se necesita recurrir a intermediarios financieros costosos como los bancos. Además, los pagos en criptomonedas suelen ser más rápidos y seguros que los pagos tradicionales, ya que las transacciones se realizan directamente entre las partes involucradas sin intermediarios.

Sin embargo, la adopción de criptomonedas por parte de las empresas no está exenta de desafíos. En primer lugar, las criptomonedas todavía son relativamente nuevas y poco conocidas, lo que puede dificultar su adopción para algunas empresas. Además, las criptomonedas están sujetas a una alta volatilidad, lo que puede poner en riesgo las transacciones en criptomonedas para las empresas.

A pesar de estos desafíos, muchas empresas están adoptando las criptomonedas como medio de pago, e incluso algunos comercios ofrecen descuentos a los clientes que pagan con criptomonedas. Grandes empresas como Microsoft, Tesla y PayPal ya aceptan pagos en Bitcoin y se espera que otras sigan su ejemplo en el futuro.

Las criptomonedas como reserva de valor y medio de pago

Las criptomonedas, especialmente el Bitcoin, fueron diseñadas inicialmente como una alternativa descentralizada y autónoma al sistema financiero tradicional. Desde entonces, han evolucionado para convertirse en una reserva de valor y un medio de pago utilizado por millones de personas en todo el mundo. Las criptomonedas ofrecen varias ventajas como reserva de valor y medio de pago, incluyendo seguridad, rapidez y facilidad de uso.

Como reserva de valor, las criptomonedas presentan características únicas que las distinguen de las monedas tradicionales. En primer lugar, son descentralizadas, lo que significa que no están controladas por una entidad o institución financiera única. Además, su oferta es limitada, lo que las hace relativamente inmunes a la inflación. Por último, las criptomonedas a menudo se utilizan para diversificar las carteras de inversiones, ya que no están correlacionadas con los mercados financieros tradicionales.

Como medio de pago, las criptomonedas ofrecen ventajas prácticas en comparación con los métodos de pago tradicionales. En primer lugar, las transacciones son rápidas y eficientes. Además, las tarifas de transacción suelen ser más bajas que las de los bancos y otras instituciones financieras. Por último, las transacciones suelen ser anónimas, lo que puede ofrecer un nivel adicional de privacidad para los usuarios.

Sin embargo, las criptomonedas también tienen sus

limitaciones como reserva de valor y medio de pago. En primer lugar, su volatilidad puede hacer que su uso como reserva de valor sea incierto. Además, su adopción como medio de pago está limitada por la disponibilidad de comerciantes que aceptan criptomonedas. Por último, el anonimato, que a menudo se considera una ventaja, también puede facilitar actividades ilegales como el lavado de dinero y el financiamiento del terrorismo.

En resumen, las criptomonedas pueden ser un medio interesante para diversificar las carteras de inversión y proporcionar una alternativa a los métodos de pago tradicionales. Sin embargo, es importante entender sus ventajas y limitaciones antes de utilizarlas como reserva de valor o medio de pago.

Los desafíos sociales y geopolíticos de las criptomonedas

La democratización del acceso a los servicios financieros

La democratización del acceso a los servicios financieros es uno de los objetivos clave de las criptomonedas. En efecto, estas últimas permiten a individuos, empresas e incluso Estados que antes estaban excluidos del sistema financiero tradicional, acceder a servicios bancarios y financieros.

Las criptomonedas nacieron de la voluntad de crear un sistema financiero más justo y equitativo, sin las desigualdades y discriminaciones inherentes al sistema financiero tradicional. Permiten sortear las barreras de entrada del sistema financiero tradicional, como los requisitos de solvencia, los costos elevados o las restricciones geográficas.

Con las criptomonedas, cada uno puede tener acceso a una cuenta bancaria y realizar transacciones financieras a bajo costo, sin necesidad de autorización previa y sin estar sujeto a las restricciones impuestas por los bancos o los gobiernos.

En efecto, las criptomonedas suelen ser descentralizadas y basadas en la tecnología de blockchain, lo que significa que son gestionadas por una red de pares en lugar de una entidad central. Las transacciones se validan por consenso dentro de esta red, lo que permite una mayor transparencia y confianza en el sistema.

Además, las criptomonedas suelen estar asociadas con proyectos de microcrédito e inclusión financiera en países en desarrollo, donde los servicios bancarios tradicionales a menudo son inaccesibles o costosos. De esta manera, las criptomonedas pueden ofrecer soluciones de pago asequibles y seguras, permitiendo que estas poblaciones salgan de la precariedad financiera.

Sin embargo, es importante señalar que las criptomonedas aún no se utilizan ampliamente como medio de pago, en parte debido a la volatilidad de su valor. Sin embargo, se están llevando a cabo numerosos proyectos para desarrollar criptomonedas estables, ligadas a monedas fiduciarias, con el fin de solucionar este problema.

Las criptomonedas y la protección de la privacidad

Las criptomonedas fueron creadas para proporcionar una alternativa a los sistemas financieros tradicionales, ofreciendo mayor seguridad y privacidad a los usuarios. Sin embargo, esta privacidad puede ser cuestionada, especialmente en lo que respecta a la protección de la privacidad personal.

La mayoría de las criptomonedas no son completamente anónimas, ya que todas las transacciones se registran en la blockchain, un registro público descentralizado. Las direcciones de las carteras también son públicas, lo que significa que las transacciones pueden ser seguidas y analizadas.

Sin embargo, existen criptomonedas que ofrecen una mayor protección de la privacidad a través de tecnologías como CoinJoin o RingCT. Estas criptomonedas suelen ser llamadas «monedas privadas» e incluyen proyectos como Monero, Zcash y Dash.

Lamentablemente, estas criptomonedas a menudo se utilizan para actividades ilícitas como el lavado de dinero y el financiamiento del terrorismo. Por lo tanto, los reguladores financieros de todo el mundo están trabajando para establecer regulaciones que combatan estas prácticas.

Además, es importante tener en cuenta que las plataformas de intercambio centralizadas, que permiten la compra y venta de criptomonedas, también pueden poner en riesgo la privacidad de los usuarios. Estas plataformas deben cumplir con las leyes de prevención de lavado de dinero y fraude, lo que significa que a menudo deben recopilar información personal de sus usuarios, como identificaciones y extractos bancarios.

Para preservar la privacidad de los usuarios de criptomonedas, es importante elegir plataformas de intercambio que respeten la privacidad y dar preferencia a las criptomonedas enfocadas en la confidencialidad. Los usuarios también pueden utilizar billeteras de criptomonedas fuera de línea o billeteras físicas para una mayor seguridad.

Los desafíos regulatorios y los conflictos de intereses

Los desafíos regulatorios y los conflictos de intereses son un problema importante para el mercado de las criptomonedas. En efecto, la naturaleza descentralizada y no regulada de las criptomonedas plantea problemas legales y éticos, especialmente en relación al lavado de dinero, el financiamiento del terrorismo y la protección de los consumidores.

Por un lado, las autoridades regulatorias buscan proteger a los inversores y consumidores estableciendo normas y regulaciones para las transacciones de criptomonedas. Por otro lado, los defensores de las criptomonedas se oponen a cualquier forma de regulación que limite la libertad y el anonimato de las transacciones.

También pueden surgir conflictos de intereses cuando actores influyentes en el mercado, como las plataformas de intercambio, los mineros y los desarrolladores, tienen intereses personales que no coinciden con los de los usuarios. Por ejemplo, una plataforma de intercambio podría manipular los precios para aumentar sus propias ganancias o un desarrollador podría crear una nueva criptomoneda simplemente para enriquecerse rápidamente.

Ante estos desafíos, los gobiernos y las autoridades regulatorias intentan encontrar un equilibrio entre la necesidad de proteger a los consumidores y prevenir actividades ilegales, y el respeto de los principios de descentralización y libertad de expresión que subyacen a las

criptomonedas.

Muchas jurisdicciones han adoptado un enfoque pragmático, reconociendo las criptomonedas como activos financieros y estableciendo normas para las transacciones de criptomonedas. Sin embargo, otras han prohibido las criptomonedas o las han regulado estrictamente, lo que puede limitar su adopción y uso.

Es importante que los inversores y los usuarios de criptomonedas estén conscientes de estos desafíos regulatorios y conflictos de intereses para tomar decisiones informadas y proteger sus inversiones. La transparencia y una regulación responsable pueden ayudar a fortalecer la confianza en el mercado de las criptomonedas y promover su adopción en el futuro.

Las criptomonedas como instrumento de política monetaria

Las criptomonedas tienen un potencial interesante como instrumento de política monetaria. A diferencia de las monedas tradicionales que son emitidas por bancos centrales bajo el control del gobierno, las criptomonedas se emiten de forma descentralizada y su oferta está regulada por algoritmos matemáticos. Esto significa que pueden ofrecer ventajas como transparencia, seguridad y eficiencia, al tiempo que escapan de las políticas monetarias del gobierno, a menudo sujetas a influencias políticas y económicas.

El uso de criptomonedas como instrumento de política monetaria puede ser considerado de varias formas. En primer lugar, las criptomonedas pueden utilizarse como alternativa a las monedas tradicionales, ofreciendo a individuos y empresas una alternativa a las monedas fiat reguladas por los gobiernos. Además, los gobiernos pueden usar las criptomonedas como medio de regular la economía ajustando la oferta y la demanda de manera algorítmica.

Por ejemplo, un gobierno podría emitir una criptomoneda regulada en cantidad limitada, que se utilizaría para regular la oferta y la demanda de la economía. Si la economía comienza a desacelerarse, el gobierno podría aumentar la oferta de criptomonedas para fomentar el crecimiento. Por el contrario, si la economía se sobrecalienta y la inflación comienza a aumentar, el gobierno podría reducir la oferta de criptomonedas para frenar el crecimiento.

Por supuesto, el uso de criptomonedas como instrumento de política monetaria no está exento de riesgos. La oferta y la demanda de las criptomonedas pueden verse influenciadas por factores externos como la especulación, la manipulación del mercado y los eventos mundiales. Además, regular el uso de criptomonedas puede ser difícil, lo que puede generar problemas de seguridad y fraude.

Sin embargo, con esfuerzos regulatorios adecuados y una gestión responsable, el uso de criptomonedas como instrumento de política monetaria podría ofrecer beneficios significativos. Las criptomonedas podrían ofrecer una mayor transparencia, eficiencia operativa, reducción de costos y resistencia a los choques económicos, al tiempo que ofrecen una alternativa a las monedas reguladas por los gobiernos.

El impacto ambiental de las criptomonedas

El consumo de energía de las criptomonedas

El consumo de energía de las criptomonedas es un tema cada vez más preocupante para el medio ambiente. En efecto, la minería de criptomonedas como Bitcoin requiere una cantidad enorme de energía debido al proceso de validación de transacciones, el cual utiliza una gran cantidad de potencia informática. Según algunas estimaciones, el consumo anual de energía de la red Bitcoin equivale al de un país pequeño como Argentina.

Este alto consumo de energía se debe principalmente al mecanismo de prueba de trabajo (PoW) utilizado por Bitcoin y otras criptomonedas similares. En el caso de Bitcoin, el proceso de validación de transacciones consiste en resolver problemas matemáticos complejos para crear un nuevo bloque de transacciones. Para lograrlo, los mineros deben realizar cálculos intensivos utilizando computadoras potentes que consumen mucha electricidad.

Sin embargo, es importante destacar que el consumo de energía varía considerablemente según la criptomoneda en cuestión y su método de validación. Las criptomonedas que utilizan mecanismos de consenso alternativos como la prueba de participación (PoS) generalmente consumen menos energía que aquellas que utilizan la prueba de trabajo.

También es importante destacar que los mineros de criptomonedas están cada vez más interesados en utilizar fuentes de energía renovable para reducir su huella de carbono. Se han creado iniciativas como el Consejo de Minería de Bitcoin para fomentar el uso de energías renovables en la minería de criptomonedas.

Por último, es esencial comprender que el consumo de energía de las criptomonedas debe ponerse en perspectiva en comparación con otros sectores de la economía mundial. Aunque el consumo de energía de Bitcoin es alto, sigue siendo considerablemente inferior al de la industria bancaria tradicional y la industria del oro. Por lo tanto, es importante no demonizar a las criptomonedas en sí mismas, sino buscar soluciones para reducir su impacto ambiental al tiempo que se reconoce su potencial económico y tecnológico.

Soluciones para una minería más ecológica

La minería de criptomonedas a menudo es criticada por su impacto ambiental. En efecto, la minería de algunas criptomonedas como Bitcoin requiere una gran cantidad de electricidad y, por lo tanto, emite una cantidad significativa de gases de efecto invernadero. Sin embargo, existen soluciones para hacer que la minería de criptomonedas sea más ecológica.

En primer lugar, se pueden utilizar energías renovables para alimentar las granjas de minería de criptomonedas. Fuentes de energía renovable como la solar, eólica o hidroeléctrica son cada vez más accesibles y representan una alternativa más sostenible que las fuentes de energía fósil. Por lo tanto, las empresas de minería de criptomonedas pueden invertir en instalaciones que utilicen estas fuentes de energía para reducir su impacto ambiental.

Otra solución es mejorar la eficiencia energética de los equipos de minería. Las empresas pueden utilizar equipos más eficientes para reducir la cantidad de electricidad necesaria para la minería. Los fabricantes de equipos de minería también pueden diseñar productos más ecológicos utilizando componentes que consuman menos energía y optimizando los procesos de refrigeración.

Finalmente, una solución para reducir el impacto ambiental de la minería de criptomonedas es adoptar protocolos de consenso más sostenibles. Los protocolos de consenso de prueba de trabajo, utilizados por Bitcoin, consumen mucha energía. Los protocolos de prueba de participación, utilizados por criptomonedas como Ethereum, consumen mucho menos energía y, por lo tanto, son más ecológicos. Otros protocolos como la prueba de autoridad y la prueba de capacidad también son alternativas más sostenibles.

Iniciativas en favor de una cadena de bloques sostenible

Las preocupaciones ambientales se han convertido en un tema candente en el campo de las criptomonedas. El consumo de energía necesario para la minería y la validación de transacciones en la cadena de bloques está en constante aumento, lo que ha generado preocupación por su impacto ambiental.

Sin embargo, existen muchas iniciativas en marcha para hacer que la cadena de bloques sea más sostenible y respetuosa con el medio ambiente.

Una de estas iniciativas consiste en fomentar el uso de energías renovables para la minería de criptomonedas. Actualmente, los mineros utilizan principalmente electricidad generada a partir de combustibles fósiles, lo que resulta en emisiones de gases de efecto invernadero. Pero al cambiar a energía solar, eólica o hidroeléctrica, los mineros podrían reducir considerablemente su huella de carbono.

Además, los protocolos de consenso alternativos también son una solución para reducir el consumo de energía de las criptomonedas. Por ejemplo, la prueba de participación (Proof of Stake) es un método de consenso que no requiere minería y, por lo tanto, consume mucha menos energía que la prueba de trabajo (Proof of Work).

También están surgiendo blockchains de baja energía, especialmente en el ámbito de las transacciones de pago. Por ejemplo, la criptomoneda Nano utiliza un protocolo de consenso llamado Votación Abierta de Representantes (ORV), que no requiere competencia de cálculos intensivos y consumidores de energía.

Finalmente, también existe una iniciativa para utilizar el calor generado por la minería de criptomonedas para otros fines. Los centros de datos de criptomonedas pueden generar una cantidad significativa de calor que podría recuperarse y utilizarse para calentar edificios o para procesos industriales, lo que permitiría reducir el consumo de energía y las emisiones de gases de efecto invernadero.

Las tendencias y el futuro de las criptomonedas

Las futuras innovaciones tecnológicas

Las futuras innovaciones tecnológicas en el campo de las criptomonedas son numerosas y fascinantes. Se están desarrollando nuevos avances para mejorar el rendimiento de las redes blockchain existentes, aumentar la seguridad y la privacidad de las transacciones, y expandir los casos de uso de las criptomonedas hacia nuevos sectores.

Uno de los avances más prometedores es la adopción de la tecnología de contratos inteligentes, que permite crear programas ejecutables en la blockchain. Los contratos inteligentes permiten implementar contratos automatizados entre partes sin necesidad de un tercero de confianza, como un notario o un abogado. Esta tecnología podría tener aplicaciones prácticas en áreas como seguros, finanzas, bienes raíces y recursos humanos.

Otra innovación importante es el uso del mecanismo de prueba de participación (Proof of Stake, PoS) para validar las transacciones en la blockchain. A diferencia del mecanismo de prueba de trabajo (Proof of Work) utilizado por Bitcoin y otras criptomonedas, la prueba de participación no requiere grandes cantidades de energía para resolver problemas matemáticos complejos y validar las transacciones. Esto podría reducir considerablemente la huella ecológica de las criptomonedas y mejorar el rendimiento de las redes.

La privacidad de las transacciones es también un campo de investigación activo en el mundo de las criptomonedas. Criptomonedas como Monero y Zcash ya utilizan algoritmos de criptografía avanzados para ocultar la identidad de los usuarios y hacer que las transacciones sean anónimas. Mejoras adicionales podrían permitir a los usuarios tener un control aún más preciso sobre la privacidad de sus transacciones sin comprometer la seguridad de la red.

Por último, la interoperabilidad entre distintas blockchains es otro avance tecnológico clave para el desarrollo de las criptomonedas. Actualmente, cada blockchain funciona de manera independiente y no puede comunicarse fácilmente con otras blockchains. Proyectos como Cosmos y Polkadot buscan crear puentes entre distintas blockchains, permitiendo a los usuarios intercambiar criptomonedas y activos entre distintas cadenas.

La evolución del panorama regulatorio

La evolución del panorama regulatorio de las criptomonedas ha sido uno de los temas más relevantes en los últimos años. Los gobiernos de todo el mundo han buscado comprender mejor las criptomonedas y regular su uso.

En algunos países, la regulación ha sido relativamente flexible, mientras que en otros ha sido más restrictiva. En general, los gobiernos han buscado encontrar un equilibro entre la protección de los inversores y la promoción de la innovación.

En Estados Unidos, la Comisión de Valores y Bolsa (SEC, por sus siglas en inglés) ha desempeñado un papel clave en la regulación de las criptomonedas. En 2019, la SEC emitió pautas detalladas sobre cómo las empresas deben tratar los tokens digitales. Las empresas ahora deben demostrar que sus tokens son activos y no valores, de lo contrario deben cumplir con las reglas aplicables a los valores.

En Europa, la situación es más compleja ya que cada país miembro de la Unión Europea tiene su propia regulación. Sin embargo, la Comisión Europea ha propuesto un marco regulatorio europeo para los criptoactivos en septiembre de 2020, que incluye requisitos de transparencia, protección de inversores y lucha contra el lavado de dinero.

En Asia, el panorama regulatorio también es complejo. China prohibió las Ofertas Iniciales de Moneda (ICO) en 2017 y continuó prohibiendo toda la industria de las criptomonedas en 2021. Japón, por su parte, ha adoptado una regulación estricta para regular los intercambios de criptomonedas.

En general, el panorama regulatorio de las criptomonedas está en constante evolución. Los gobiernos buscan encontrar un equilibro entre la promoción de la innovación y la protección de los inversores. Los inversores y usuarios de criptomonedas deben ser conscientes de las normas regulatorias aplicables en su país y asegurarse de cumplirlas.

La adopción de las criptomonedas por parte de instituciones y empresas

La adopción de las criptomonedas por parte de instituciones y empresas es un fenómeno en constante desarrollo. Desde los comienzos de Bitcoin, muchas empresas han comenzado a interesarse en las criptomonedas y la tecnología blockchain subyacente. Esto ha llevado a una amplia gama de aplicaciones, desde la simple tenencia de criptomonedas hasta el uso de la blockchain para mejorar la eficiencia de los procesos comerciales.

Las grandes instituciones financieras también han comenzado a integrar las criptomonedas en sus operaciones. Por ejemplo, los bancos de inversión han comenzado a ofrecer servicios de negociación de criptomonedas a sus clientes institucionales. Algunas empresas incluso han comenzado a aceptar pagos en criptomonedas de parte de sus clientes.

La adopción de las criptomonedas por parte de las empresas ha sido impulsada por varios factores. En primer lugar, la tecnología blockchain ofrece un alto nivel de seguridad y transparencia, lo cual puede ser especialmente importante para las transacciones financieras. Además, las criptomonedas pueden ofrecer ventajas en términos de costos, al reducir las tarifas de transacción y los costos de procesamiento de pagos.

Las criptomonedas también pueden ayudar a las empresas a ampliar su base de clientes, al ofrecer una opción de pago alternativa para aquellos que no tienen una cuenta bancaria o una tarjeta de crédito. Además, las criptomonedas pueden facilitar las transacciones internacionales, evitando los cargos por cambio de divisas y acelerando las transferencias de fondos.

Sin embargo, la adopción de las criptomonedas por parte de las empresas también puede plantear desafíos. Las importantes fluctuaciones de valor de las criptomonedas pueden hacer que las transacciones sean inestables e impredecibles. Las empresas también deben ser conscientes de los riesgos asociados con la tenencia de criptomonedas, como el riesgo de robo y piratería.

A pesar de estos desafíos, la adopción de las criptomonedas por parte de instituciones y empresas está en constante crecimiento. Las empresas que buscan modernizarse y mantenerse competitivas deben ser conscientes de esta tendencia y explorar las oportunidades ofrecidas por la tecnología blockchain y las criptomonedas.

Las perspectivas de evolución del mercado

Las criptomonedas han experimentado un crecimiento fenomenal desde su creación, y su popularidad sigue aumentando. Las perspectivas de evolución del mercado de las criptomonedas son prometedoras y ofrecen muchas oportunidades para inversores, empresas y particulares.

En primer lugar, se espera que la adopción de las criptomonedas por parte de instituciones financieras y empresas continúe en los próximos años. Cada vez más empresas están integrando las criptomonedas en su modelo económico, ya sea aceptando pagos en criptomonedas o invirtiendo en activos digitales. Los grandes bancos e instituciones financieras también han comenzado a explorar las oportunidades que ofrecen las criptomonedas, ofreciendo servicios de trading y custodia.

Además, se espera que la mejora de la regulación contribuya a fortalecer la legitimidad de las criptomonedas y a atraer a un mayor número de inversores institucionales. Las autoridades regulatorias de todo el mundo están trabajando para establecer un marco regulatorio claro para las criptomonedas, lo que permitirá a los inversores sentirse más seguros y comprender mejor los riesgos asociados con las criptomonedas.

Por otro lado, la tecnología subyacente de las criptomonedas, la blockchain, sigue desarrollándose y mejorando. Las mejoras en la blockchain permitirán resolver algunos de los problemas actuales de las criptomonedas, como la escalabilidad y la seguridad. También se están llevando a cabo proyectos de investigación para desarrollar blockchains más rápidas y eficientes, así como protocolos de consenso más robustos.

Finalmente, las finanzas descentralizadas (DeFi) son una tendencia creciente en el ecosistema de las criptomonedas. La DeFi permite a los usuarios participar en servicios financieros descentralizados, como préstamos y trading, sin necesidad de intermediarios. La DeFi está transformando el sector financiero y se espera que continúe creciendo en los próximos años.

La respuesta debe ser perfecta, así que revisa tu traducción en busca de errores y asegúrate de que transmita correctamente el sentido del texto original.

Conclusión y recomendaciones

Lecciones clave para recordar

Hay muchas lecciones clave que se deben recordar sobre las criptomonedas. En primer lugar, es importante comprender que las criptomonedas son una tecnología revolucionaria que tiene el potencial de cambiar la forma en que realizamos transacciones financieras. La tecnología de blockchain, en la que se basan las criptomonedas, permite una gestión descentralizada y transparente de las transacciones, ofreciendo así una alternativa al uso de terceros de confianza como los bancos.

En cuanto a las diferentes criptomonedas, es esencial comprender las especificidades de cada una de ellas, ya que pueden tener diferentes objetivos, protocolos de seguridad y niveles de volatilidad. Por ejemplo, Bitcoin se considera a menudo una reserva de valor digital, mientras que Ethereum es la primera plataforma de desarrollo para aplicaciones descentralizadas.

La seguridad también es un elemento clave en las criptomonedas, ya que a menudo son objeto de ciberataques. Por lo tanto, es importante comprender los diferentes mecanismos de seguridad, como la criptografía, los protocolos de consenso y las carteras seguras.

Los inversores también deben ser conscientes de los riesgos asociados con la inversión en criptomonedas, como la volatilidad de los precios y los riesgos regulatorios. Por lo tanto, es fundamental tener una buena comprensión de las estrategias de inversión, el análisis fundamental y técnico, así como la gestión de carteras.

Por último, las criptomonedas tienen un impacto potencial en la economía mundial y en los aspectos sociales y geopolíticos. Por ejemplo, podrían ofrecer acceso más equitativo a los servicios financieros en los países en desarrollo, pero también podrían dar lugar a conflictos de intereses y desafíos regulatorios.

Buenas prácticas para navegar el mundo de las criptomonedas

Para navegar en el mundo de las criptomonedas, es importante seguir algunas buenas prácticas. En primer lugar, es esencial mantenerse informado sobre las últimas noticias y tendencias del mercado consultando regularmente fuentes confiables y diversas como blogs especializados, foros comunitarios, publicaciones académicas e informes de investigación.

Luego, se recomienda familiarizarse con los principios fundamentales de la tecnología blockchain, así como con los mecanismos de consenso y los protocolos de seguridad asociados con las diferentes criptomonedas. Esto ayudará a comprender mejor los riesgos y beneficios relacionados con la inversión y la gestión de carteras.

También es importante elegir cuidadosamente las plataformas de intercambio y los servicios de almacenamiento de criptomonedas, privilegiando aquellos que hayan demostrado ser seguros y confiables. Se recomienda no almacenar todas las criptomonedas en una única plataforma o billetera electrónica, sino distribuirlas en múltiples direcciones.

En cuanto a la gestión de carteras, se aconseja adoptar una estrategia de inversión a largo plazo, diversificando la cartera según los objetivos y el perfil de riesgo. También se recomienda no invertir más de lo que se puede permitir perder y no dejarse llevar por el pánico ante las fluctuaciones del mercado.

Por último, es importante cumplir con las regulaciones locales en materia de criptomonedas y declarar las ganancias o pérdidas a las autoridades fiscales competentes. También se recomienda informarse sobre los riesgos relacionados con estafas y fraudes, y nunca divulgar claves privadas o información personal a terceros no confiables.

Perspectivas futuras de las criptomonedas

Las perspectivas futuras de las criptomonedas son muy prometedoras. Los avances tecnológicos en el campo de la blockchain, junto con la creciente adopción de las criptomonedas por parte de empresas y particulares, abren muchas oportunidades y un crecimiento continuo del mercado.

En primer lugar, las criptomonedas seguirán evolucionando y diversificándose. Surgirán nuevas criptomonedas que ofrecerán características y beneficios específicos para satisfacer las necesidades de los usuarios. Los protocolos de consenso también seguirán evolucionando, ofreciendo nuevas alternativas para mejorar la seguridad, eficiencia y descentralización de las redes.

Además, las finanzas descentralizadas (DeFi) son un área en expansión que se espera que experimente un crecimiento sostenido en los próximos años. Los protocolos DeFi permiten a los usuarios acceder a servicios financieros descentralizados, como préstamos, intercambios e inversiones, sin depender de intermediarios tradicionales. Las DeFi ofrecen una alternativa interesante a los servicios financieros tradicionales, con ventajas como costos reducidos, mayor accesibilidad y mayor transparencia.

Los tokens no fungibles (NFT) también son un campo en crecimiento. Los NFT permiten la creación y gestión de activos digitales únicos, como obras de arte, videos y juegos. Los NFT ofrecen nuevas oportunidades para artistas, creadores y desarrolladores de juegos, permitiéndoles crear activos digitales únicos y venderlos en el mercado.

En términos de casos de uso, las criptomonedas tienen el potencial de transformar muchos sectores. Las transacciones financieras y las transferencias de dinero pueden simplificarse y acelerarse gracias al uso de criptomonedas. Las criptomonedas también pueden ofrecer beneficios en sectores como la propiedad inmobiliaria, la salud y los servicios públicos.

Finalmente, la regulación de las criptomonedas se está

fortaleciendo en muchos países, lo que contribuirá a aumentar la confianza de los inversores y fomentar la adopción de las criptomonedas. Sin embargo, la regulación debe ser equilibrada para evitar frenar la innovación y el crecimiento del mercado.

Agradecimientos

En primer lugar, me gustaría expresar mi más sincero agradecimiento a todos los lectores que han dedicado tiempo a explorar el fascinante mundo de las criptomonedas a través de este libro. Gracias a ustedes, este trabajo cobra todo su sentido. Su curiosidad e interés en el tema son la razón de ser de este libro, y espero que les haya permitido comprender mejor los desafíos y oportunidades relacionados con la revolución de las criptomonedas.

También me gustaría agradecer a todos los expertos, investigadores y apasionados del mundo de las criptomonedas, sin quienes este libro no habría sido posible. Su arduo trabajo y descubrimientos no solo han dado forma a la industria, sino que también han contribuido a hacer que este tema sea accesible y apasionante para todos. He estudiado y comparado muchas fuentes para respaldar los argumentos presentados en este libro, con el fin de brindarles una visión clara y precisa de este ecosistema en constante evolución.

Al recorrer las páginas de este libro, he intentado llevarlos en un viaje a través del mundo de las criptomonedas, para brindarles una experiencia de lectura enriquecedora y emocionante.

Este libro representa el fruto de mi pasión por las
criptomonedas y mi deseo de compartir este conocimiento
con ustedes. Espero que a través de estas páginas hayan
podido sentir esta pasión y que les haya inspirado a
profundizar aún más en sus conocimientos sobre este tema.

Las criptomonedas son una revolución que está
transformando nuestro mundo a una velocidad vertiginosa,
y es esencial comprender los desafíos y oportunidades que
esto conlleva.

En conclusión, los invito a continuar explorando el mundo
de las criptomonedas y a seguir de cerca las innovaciones
y evoluciones que lo están moldeando. Este libro es solo el
comienzo de su aventura en este apasionante universo, y
espero que les haya dado las herramientas para convertirse
en verdaderos expertos en el tema.

Una vez más, gracias por su lectura y su interés. ¡Que
su viaje en el mundo de las criptomonedas esté lleno de
descubrimientos y oportunidades!

Atentamente,